WiLL SPECIAL 保存版

だから今こそ憲法改正を

ワック出版局

はじめに――

黙って死ねというのか――日本国憲法は玉砕憲法だ

前文の理想を実現するなら中国人民解放軍を殲滅せよ!

江川達也
漫画家

『日露戦争物語』作者が語る、戦争と軍事、国際政治のリアリズム――戦後日本が崇めてきた「平和憲法」が通用するのはマンガの世界だけだ!

日本国〝玉砕〟憲法

「われらは、平和を維持し、専制と隷従、圧迫と偏狭を地上から永遠に除去しようと努めている国際社会において、名誉ある地位を占めたいと思う。われらは、全世界の国民が、ひとしく恐怖と欠乏から免れ、平和のうちに生存する権利を有することを確認する」

日本国憲法前文の理想を実現するには、中国人民解放軍を殲滅《せんめつ》し、中国共産党を打倒しなくてはならない。東シナ海・南シナ海で地域の平和を乱し、チベットやウイグルで横暴の限りを尽くしているからだ。さらに私たちは、明日にでも中東やアフリカの紛争地域に赴《おもむ》く必要がある。市民は貧困にあえぎ、故郷を追われて難民となった人たちもいるからだ。

他方で、九条には戦争放棄・戦力不保持・交戦権否認が明記されている。

前文と九条を合わせて読めば、丸腰で人民解放軍の戦車に対峙し、紛争地域でひたすら愛と平和を唱えることが日本国民の義務になってしまう。しかし、そんなことをすれば確実に殺される。つまり、日本国憲法は「玉砕憲法」なのだ。

前文には、こうも書かれている。

「日本国民は、恒久の平和を念願し、人間相互の関係を支配する崇高な理想を深く自覚するのであって、平和を愛する諸国民の公正と信義に信頼して、われらの安全と生存を保持しようと決意した」

国際社会においても人間社会においても、相手への絶対的な信頼などあり得ない。中国共産党の公正と信義に信頼した結果、どうなったか。チベットやウイグルでは民族浄化が行われている。香港では一国二制度が反故《ほご》にされ、民主主義の灯が消えかかっている。依然として、多くの日本人が中国で拘束されたままだ。

戦後日本の選択

「身に寸鉄を帯びず、誠心をもって永久平和のために働くべきだ」

「武器を一切持たず、人類のために全力で働くべきだ」

満洲事変と満洲国建設を指揮した陸軍参謀・石原莞爾《かんじ》は、日本国憲法ができる前から〝絶対平和〟を全国行脚《あんぎゃ》して国民に説いて回った。各地で多くの聴衆を集めたが、やがてマッカーサーに講演を禁止されてしまう。

第一次大戦前から、石原は「世界最終戦論」を唱えていた。一発で都市を壊滅させることのできる核兵器と、それを地球のどこにでも運べる長距離ミサイル——新兵器の開発によって戦争が〝進化〟すれば、人類滅亡を避けるために、やがて各国は武装解除に向かうと予想していたのだ。しかし、核ミサイルや原子力潜水艦の登場から半世紀が経った現在、世界各地で武力紛争が絶える気配はない。

「玉砕憲法」を忠実に解釈し、「日本国民が世界人類のために全力で活動して死滅する」道を選ぶ〝真の護憲派〟は絶滅危惧種だ。今の主流は、武力がある国の奴隷に甘んじつつ、柔軟な解釈で現実に対応するという選択。実際に、戦後日本は日米同盟と解釈改憲でやりくりしてきた。

えがわ　たつや
一九六一年、愛知県生まれ。愛知教育大学数学科卒業後、中学の数学教師となる。本宮プロダクションでアシスタントを経て、八四年に『BEE FREE!』で漫画家デビュー。以降、『まじかる☆タルるートくん』『東京大学物語』『日露戦争物語』など多数のヒット作を生み出す。論客として討論番組にも多数出演。

　二〇一五年の平和安全法制で、集団的自衛権が認められた。ならば、核ミサイルで日本を狙う北朝鮮への敵基地攻撃能力も許されるだろう。核保有国に向けて核ミサイルを撃っても、「自衛だから」と言えば合憲と判断されるかもしれない。

　大東亜戦争は、西洋列強の侵略に抗《あらが》った〝自衛戦争〟だった。石原莞爾は東京裁判で、「ペリーをあの世から連れてきて、この法廷で裁けばよい」と言い放った。もっと言えば、西洋が世界を席巻した大航海時代まで遡《さかのぼ》らなければ、大東亜戦争の本質は見えない。では、大東亜戦争を解釈改憲で合憲と判断することはできるのか。

　憲法解釈の幅を広げれば広げるほど、立憲主義が犠牲になる。〝真の護憲〟や〝戦後日本の護憲〟などと難しい話をするまでもない。現実に即した憲法をつくり直せば済む話だ。

歴史の「ｉｆ」を考える

どのように憲法を改正すればいいか。独力で自国を守るために、核武装、地下要塞、国民皆兵を提案したい。

決して現実離れしたものではない。西南戦争で熊本城攻防戦を指揮した土佐藩士・谷干城《たにたてき》は、スイスの重武装中立を「開化世界の桃源」と称賛した。山に囲まれたスイスと海に囲まれた日本を重ね、スイス型の国防戦略を提唱していたのだ。

核保有国に囲まれた状況で、核武装と地下要塞については説明不要だろうが、なぜ国民皆兵なのか。国民の防衛意識を高める目的もあるが、専守防衛を貫く以上、敵が上陸した後の地上戦を想定すべきだからだ。

制空権と制海権の確保は重要で、自衛隊も国境防衛に力を入れていることは言うまでもない。しかし、現代においても地上戦で勝負が決する。ベトナム戦争では制空権を握った米軍がゲリラに手を焼き、撤退に追い込まれた。日本軍は硫黄島やペリリュー島を要塞化し、米軍を苦しめた。米軍は当初、硫黄島は五日で攻略できると思っていた。ところが、地下坑道が張り巡らされた硫黄島での戦いは一カ月以上にも及んだ。

敗戦から七十五年、日本人の八割は戦争を知らない。戦争の勘が鈍っているから、北朝鮮がミサイルを撃っても黙って眺めているだけだ。大多数の日本国民は米兵と刃を交わすことなく、空から降ってくる焼夷弾から逃げ続けた。台風や地震といった天災と同じような体験として、戦争を記憶してしまったのだ。

日本はポツダム宣言を受け入れ、八月十五日に降伏した。しかし、陸軍は徹底抗戦、すなわち本土決戦に備えていた。長野県の松代大本営まで下がり、狭山丘陵を拠点に戦ったうえで講和に持ち込んでいたら、戦後の平和ボケも少しはマシだったかもしれない。

歴史に「ｉｆ」はないと言われるが、「ｉｆ」を考えることは決して無駄ではない。繰り返される歴史の中で起こり得た状況と、その場合に考え得る選択

昭和21年10月、枢密院本会議で「修正帝国憲法改正案」が全会一致で可決された

肢を吟味しておけば、将来の戦略を練るうえで役立つ。しかし、暗記重視の歴史教育によって、自らの頭で思考する機会が奪われてしまった。自らが指導者だったら、あの時どんな決断を下したか――個々のケースを題材に考えさせる教育も必要ではないだろうか。

戦争が生んだ民主主義

フランス革命以降の世界史、明治維新以降の日本史を「戦争」を軸にとらえ直す必要がある。最近になって、第二次大戦におけるコミンテルンの陰謀が暴かれ、大東亜戦争における海軍善玉論・陸軍悪玉論への疑問も耳にするようになった。マニュアル化する教育、凝り固まった歴史観を見直すうえで良い傾向といえる。

例えば学校では、戦前は民主主義がなかったと教わる。だが、これは真っ赤なウソだ。

大日本帝国憲法と日本国憲法を比べると、明らかに後者の方が総理大臣に大きな権限を与えている。戦争に負けた原因の一つは、権力が分散されていたからだ。天皇も総理大臣も、陸軍参謀総長も海軍軍令部総長も、国家の針路を決断する力がなかった。他方で、世論は戦争を望んでいたし、部数を伸ばしたい朝日新聞は国民を煽《あお》って開戦に誘導していた。

絶対王政の時代、他国と戦ったのは国王の私設軍隊だった。だがフランス革命以降、国民国家において民主主義は戦争勝利のために利用されることになる。劣勢に立たされたナポレオンは、民衆に武器を持たせて戦わせようと考えた。動機づけと士気高揚のため、「アメ」として配られたのが選挙権にほかならない。兵役という義務を果たすことで市民は権利を得たのだ。

明治政府は、西洋による植民地化を阻止するために富国強兵を目指した。それには、民主主義と国民国家形成をセットで推し進める必要があった。戦争の産物である民主主義は平和と相性が悪く、自由民権運動でも強硬に大陸進出が訴えられていた。そんななか、日清戦争で国民国家の強さが証明されることになる。国民意識と戦術で勝る日本軍が、装備で優れた「眠れる獅子」清国軍を破ったのだ。

戦争が社会システムの根本を変えた歴史を、学校で教わることはない。

戦後、共産主義思想に洗脳された教師たちによって偏向した歴史教育が施されてきた。大学教授をはじめとするインテリは、ソ連や中国に有利なウソを吹聴して回った。ソ連に疑問を抱くものは徹底的に批判され、小学生ですら共産主義の矛盾を指摘すると怒られた。いまだに多くの日本人が近代史を苦手にしている原因の一つは、すでに滅んでしまったソ連の洗脳を基につくられた教科書にある。

将来のために、先入観を取り払って歴史を語らなければならない。

（『WiLL』二〇二〇年二月号初出）

WiLL SPECIAL 保存版

だから今こそ憲法改正を

目次

CONTENTS

平和は"力"で守られる

アメリカによる"押し付け"憲法

表紙イラスト：安田雅章

「日本の憲法」を論ず

渡部昇一

「十七条憲法」の理念

聖徳太子は憲法で「国家の主権は一つである」ということを明確に打ち出した。

たとえば「国に二君なく、民に両主なし」（第十二条）とか「詔《みことのり》を承《う》けては必ず謹《つつし》め」（第三条）の条項がそれにあたる。

現在では国家の主権が一つであることくらいは子供でも知っているが、当時は必ずしも明確ではなく、皇室の権威と大氏族の権威の差があいまいになっている場合があったと思われる。

それはアメリカ独立当初の連邦政府と州政府の関係を考えてみるとわかりやすいであろう。アメリカ諸州はそれぞれ違った歴史と法律を持っており、州権は強大であった（現在でも日本の地方自治体とは比較にならないくらい絶大な権限を持っている）。そして、州権にウエイトを置くか、連邦に置くかの考え方の違いが、のちに南北戦争（一八六一～六五）の真の原因ともなったのである。

したがって独立当初に、合衆国の法律や条約はこの国の最高の法（the supreme law of the land）に帰属し、各州の憲法や法律に反対の規定があるといえども、連邦の憲法に拘束されると明記したのである。

リンカーン大統領が南北戦争開戦にあたって南部諸州に要求したのは、まさに「アメリカに二つの政府なく、アメリカ国民に二つの連邦なし。連邦の命を承けては必ず謹め」ということであった。

もう一つ重要なのは、第十七条において、政治の重大事は「独断すべからず、必ず衆と論ずべし」と言っていることである。これは、それからおよそ千二百五十年後に出された明治天皇の「五箇条《ごかじょう》の御誓文《ごせいもん》」の第一条「広く会議を興《おこ》し、万機《ばんき》公論に決すべし」の条文に驚くほどよく似ている。

太子の「十七条憲法」は単なる掟《おきて》ではなく、本来の意味で憲法の名にふさわしい。どこの種族にも具体的な掟はある。しかし、それだけでは憲法とはいえない。「理念」を打ち出してこそ憲法と言えるのである。

法律というのはいろいろな事件・事態に対処してどんどん細かくなっていくものだが、その細かい規則をつくるもとになる理念、あるいは精神が、憲法である。だから憲法というのは誰でもすぐ読めるような量のものでなければならないし、簡潔なものでなければならない。

そして、聖徳太子が打ち出した理念は、現代の日本人にも抵抗感がないどころか、自然に肯《うなず》ける内容であるから、まさに日本最初の憲法というにふさわしく、また近代的な意味でも憲法の名にふさわしいものである。

元来「体質」という意味である英語のコンスティトゥーション（constitution）という単語が、国の体質、国体というところから、今日でいう憲法を意味するようになったのは十七世紀から十八世紀にかけてのことであり、最初にはっきりとした定義を示したのはボリングブルックの『政党論』であると言われる。しかし彼が「コンスティトゥーション」と言ったときには、イギリス流の成文化されていない憲法のことを意味していた。

世界最初といわれる成文憲法は、アメリカ合衆国憲法（一七八八）である。その約千二百年前に、わが国が単なる掟ではない「憲法《コンスティトゥーション》」を持っていたことは驚くべきことだが、何よりも、太子がそこに込めた理念が、現代にまで受け入れられているということ、つまり日本の「国としての体質《コンスティトゥーション》」を示すものであることを考えると感嘆せざるを得ない。

「聖徳太子は実在しなかった」などと言ってみても、生きた日本の歴史はわからない。太子の理念は、まさに現代の日本人にまで影響をおよぼしているのであるから、それは「キリストは実在しなかった」と声高に主張するくらい、ナンセンスな話なのである。

主権なき時代の〝憲法〟

戦後を特徴づけた最大のマイナス要因が占領政策、なかでも公職追放令だとしたら、一般にプラス要因とされているのが新憲法（日本国憲法）だろう。

新憲法は、日本の新しい出発と平和の象徴として扱われてきた。特に第九条は神聖視され、もはや宗教の段階にまで高められているのが現状である。

連合軍による日本の占領はポツダム宣言受諾によって始まった。ポツダム宣言を受諾するにあたって日本は、国体が維持されるかどうかをたしかめるために連合軍に問い合わせている。つまり天皇陛下をどうするかということだが、その時、連合国側は、天皇は連合国軍総司令官に「subject to」と答えた。直訳すると「天皇は隷属《れいぞく》する」ということだ。これを聞いた日本は、「隷属するなら廃止されるわけではない」のだと解釈し、ポツダム宣言を受諾したのである。

ポツダム宣言受諾の決断は、明治憲法第十三条にある「天皇ハ戦ヲ宣シ和ヲ講シ及諸般ノ条約ヲ締結ス」という「天皇の外交大権」によるものだ。しかし、占領されると天皇は「subject to」だから、占領軍の下に置かれることになった。

したがって、当然ながら占領下の日本には主権がなかった。一番わかりやすい例を引けば、憲法は主権の発動によるものだと言うが、新憲法が発令された後でも、日本国内で日本の刑法によらずに死刑が執行された。東京裁判である。

日本の新憲法が主権の発動でないことを、これほどわかりやすく示したものはない。憲法の上にもう一つ憲法があるなどあり得ないことだ。すなわち新憲法はふつうの憲法ではないということを理解することから始めなければいけない。

日本の憲法学者はさまざまなことを言うが、「主権のない時代に主権の発動たる憲法ができるわけがないではないか」というのが、一番まっとうな憲法に対する考え方だと私は思う。

では、日本国憲法とはいったい何なのか。

占領軍は直接軍事占領を行う予定でいたが、重光葵《まもる》外務大臣の努力によって間接統治になった。日本政府の上に占領軍があり、占領軍は日本政府を通じて日本国を統治するという図式だ。

日本国憲法は、この図式の中で占領軍が日本支配を都合よく行うための「占領政策基本法」だったのである。

これに対して今の護憲学者は、日本国憲法には天皇陛下のまえがき（上諭《じょうゆ》）もついており、議会でも議論したことになっている、枢密院《すうみついん》でも精査したことになっているではないか、と言う。

しかし、大学で憲法を教えているような憲法学者の言うことには聞く耳を持たないほうがいい。なぜなら、憲法というのはすでに存在するもので、憲法学を教えるということは今ある憲法を解釈して飯を食うということだからである。その憲法を「憲法でない」などと言ったら飯が食えなくなる。

そもそも、憲法ではない日本国憲法を憲法だと言った親玉は、占領下における東京大学法学部教授であった宮澤俊義《としよし》氏や横田喜三郎氏である。今から見れば売国的な憲法学者だと言える。

その弟子たちが恩師に憲法学の席を譲ってもらって、「日本国憲法は憲法ではない」などと言うわけがない。だから今の、特に東大から派生した憲法学者の意見など参考になるはずがないのである。

では、護憲学者が主張する日本国憲法の正統性についてはどう考えればよいか。憲法学者の中でおそらく唯一、大学を出ていない南出喜久治《みなみできくじ》弁護士の意見が一番、筋が通っていると思う。

ポツダム宣言で天皇は「subject to」された。その後、憲法をつくれという命令が下り、草案まで押しつけられた。それを新憲法にするために「憲法草案委員会」というものがつくられたが、九九％は占領軍の原案を翻訳するのが仕事だった。日本の委員たちが草案をつくったわけではない。

そして天皇陛下は占領軍統治下だから被脅迫状況にあった。したがって憲法上諭に正統性はないと言える。なにしろ連合国軍総司令官に「隷属して（subject to）」おられたわけだから。

「朕《ちん》は、日本國民の總意に基いて、新日本建設の礎《いしずえ》が、定まるに至つたことを、深くよろこび、樞密顧問《すうみつこもん》の諮詢《しじゅん》及び帝國憲法第七十三條による帝國議會の議決を經た帝國憲法の改正を裁可し、ここにこれを公布せしめる」

上諭にはこうあるが、日本国民の総意に基づいてなどいないことは明白である。占領下には「プレスコード」があったから情報が漏れるわけがなく、いわんや憲法草案の批判などできるはずがない。だから天皇陛下は嘘を言わされたことになる。

この状況をどう説明すればよいか。

「条約憲法」という概念がある。日本が連合軍の占領下にあり、天皇陛下も連合国軍総司令官に隷属されていたということは、つまり、日本政府そのものが連合軍に隷属していたのである。その中で新憲法をつくったということは、これは占領軍とのポツダム宣言に基づく条約だと考えられる。

言い換えれば、日本国憲法は条約憲法で、ふつうの憲法ではない。正確に言えば、占領政策基本法ということになるだろう。

条約憲法だから、条約の終結時、つまり独立回復時に、日本政府は日本国憲法を失効とし、主権の発動たる憲法、つまりふつうの憲法の制定か、明治憲法に復帰を宣言し、それと同時に、その手続きに基づき明治憲法の改正をしなければならなかった。まして、占領軍のつくった下書きに基づいてつくらされた日本国憲法をずるずると崇《あが》め、またそれを改正していくということをすべきではないのである。

フランスはドイツに占領されビシー政権になった経験があるから、国土の一部、および全部が占領されている時は憲法を改正してはいけないことになっている。そしてド・ゴールが政権をとった時、ビシー政権で制定されたことはすべてなかったことにした。

日本の常識は世界の非常識

今、日本国憲法を改正しようという議論があるが、これは必ず後で傷となる。素人の私にも気がつくことに、将来の憲法学者が気づかないわけがない。主権のない時代につくられた憲法を改正したりしたら、独立後の日本人がその憲法に正統性《レジテマシー》を与えたことになるという議論が後に必ず起こる。

もちろん、新しくつくる憲法の中身は現日本国憲法と同じでもいい。しかし、今の憲法は一度失効させねばならない。

憲法第九十六条の改正条項について、日本は何年間も議論を続けている。占領軍が全体を十日足らずでつくったものであるにもかかわらず、改正条項だけで日本をあげて何年も議論しているのである。滑稽極まりない。

なぜ滑稽か。インチキだからだ。筋が通っていないから滑稽なのである。

以前、政治評論家の竹村健一氏が「世界の常識は日本の非常識、日本の常識は世界の非常識」と言った。それについては、ほとんどの外国人が頷《うなず》いている。

なるほど、戦後の「日本の常識は世界の非常識」だが、戦前の日本はそう言われただろうか。そんなことはない。日本は明治以来、日本の常識を世界の常識に合わせる努力をしてきた。明治憲法もそれを目指したものだったから、明治以後の日本のスタンダードは間違いなく世界のスタンダードだったのである。

ところが、「占領政策基本法」である日本国憲法を本物の憲法だというようなインチキな主張をたてにとると、すべてがおかしくなる。何かにつけて「日本の常識は世界の非常識」になったわけである。

日本国憲法前文には、「日本國民は、恒久の平和を念願し、人間相互の關係を支配する崇高な理想を深く自覺するのであつて、平和を愛する諸國民の公正と信義に信頼して、われらの安全と生存を保持しようと決意した。」（傍点渡部）と記されている。

たとえば、モナコがフランスに安全を委《ゆだ》ねるように、小さな国が大きな国と同盟を結ぶ時に安全を委ねるということはあるだろう。しかし、他国を信頼して生存を委ねるなどという馬鹿な国はない。国民を生かすも殺すも他国に委ねるというこの部分だけを読んでも、「これは憲法ではありません」と言っているに等しい。

しかも我々の周囲の国を見よ。ソ連は戦争が終わってからも何十万人もの日本人を拉致し、何万人も餓死・凍死させた国だ。北朝鮮は世襲の独裁国、韓国は日韓基本条約も守れない国、中国は自国民を数千万人虐殺し、しかもチベットやウィグルを侵略し残虐行為を続けている国だ。

アメリカだってポツダム宣言を無視して、日本が無条件降伏したことにした国だ。そういう国々に日本人が自分の安全と生命を信頼してあずけようというのか。そんな憲法があるわけはない。

第九条は宗教

日本国憲法の中でも、とりわけ第九条は神聖視されている。日本が終戦以来、六十年以上にわたって平和であったのは第九条のおかげだと言う人たちがいるが、まったく馬鹿げた話だ。真相は、日米同盟があるからソ連が手を出さなかっただけなのである。

大平正芳《まさよし》内閣の時期に、ある防衛問題の委員をしていた関係で、私はいろんな報告を聞いたが、当時のソ連極東軍に対するソ連政府の力の入れ方は大変なものだった。上陸作戦は「ポート・トゥ・ポート」、日本の港から港へ好きに船をつけて上陸できるくらいの力をソ連は持っていた。

そういう冷戦状況下で日本が生き残ってこられたのは、アメリカとの同盟があり、アメリカの基地が日本にあったからだ。

こんなわかりきったことに目をつぶって、第九条があったから平和なのだと言う人は正気なのかと問いたい。本気で第九条が日本の平和を守ってきたと思っているのなら、子供以下だと言えるだろう。もし、アメリカ軍がいたからだと思いながらも第九条を讃《たた》えているのであれば、これは悪質である。

共産党や社民党が第九条を神聖視するのには理由がある。そもそも当初、共産党は第九条に反対していたのだが、それが以下のような理由で神聖視することになった。

冷戦構造が明確になり、日本でも占領軍の要請により警察予備隊ができると、日本は明らかに西側につくことになった。日本がアメリカ側について武力を増強すると、戦前の二大軍事国家が連合することになる。

アメリカと日本を戦前の二大軍事国家というのは嘘ではなくて、航空母艦主体の機動部隊をつくる力があったのはこの二国だけだった。ソ連の海軍はなきに等しかったし、ヒトラーも航空母艦を持っていなかった。イギリスは持っていたけれども機動部隊をつくるほどではなかった。アメリカと日本の軍事力が突出していたのだ。

その日本が第九条の縛《しば》りもなく、アメリカと同盟を組んで行動するとなると、ソ連など敵ではない。だから、スターリンが第九条を守れという指令を出した。

外務省の人から聞いたのだが、サンフランシスコ講和条約締結の頃からすでにスターリンの命令は届いていた。日本がサンフランシスコ講和条約を結べば、西側につくことは明白だった。だから日本の左翼的知識人は血眼《ちまなこ》になって反対し、全面講和を主張した。

日本が四十数カ国と講和条約を結ぶのに反対したのは、ソ連とその衛星国二、三カ国でしかなかった。そのたかだか二、三カ国を除いて講和条約を結ぶことを、南原繁東大総長をはじめとする知識人たちは単独講和だと言って反対したのである。

渡部昇一『読む年表　日本の歴史』ワックBUNKO（新書ワイド版）

吉田茂首相は全ての党をあげて講和条約にサインをしたかったが、共産党、社会党は最後まで反対した。それほどスターリンの命令は重かったのだ。

スターリンの命令から始まった嘘に左翼は酔える。オウム真理教に酔えた人もいるくらいだから酔えるのだろう。つまりは、馬鹿げたことではあるが第九条は宗教の域に達しているのだ。

宗教とは、オウムの教祖・麻原彰晃《しょうこう》の空中浮遊のような、正気では信じられないことも信じてしまうものなのである。第九条も同じだ。両手を挙げて攻めてきてくださいというのだから、正気の人には理解できない代物である。しかし、宗教にはなる。

だから第九条は憲法論として考えるのではなく、宗教論として考えるのが適当だ。法律論として考えると馬鹿馬鹿しいが、宗教上の信念として「上着を取られたら下着も差し出します」とか、「右の頬を殴られたら左の頬も差し出します」というのはいいだろう。しかし国を預かる人が、「対馬を取られたら島根県も差し出します」では困る。

憲法と皇室典範

成文憲法を最初につくった国はアメリカである。ヨーロッパからやってきた人たちが自由を求めてつくったものだが、いざつくってみたら「言論の自由」や「宗教の自由」を書き忘れていた。そんな欠陥だらけの憲法だから常に改正を続けている。

戦後のドイツ憲法も同じで、常に変化している。つまり完璧なものなどないということだし、変わらなければ憲法は生きていないのと同じなのである。

憲法、「constitution」は直訳すれば「体質」という意味だ。つまり憲法は国の体質であって、昔、「国体」と訳していたのが正しい。国の体質が変われば、憲法は時代に合わせて変化してもいいのだ。

イギリスには明文化された憲法、「written constitution」というものはない。立憲君主の国でありながら、理想的なのは憲法をつくらないという選択だったのだ。

しかし、「constitutional」（憲法的・国体的）と言われる法律はある。

イギリスでは重要法案が通ったりすると、「あの法律は constitutional だ」と言う。体質に関わるほどの法律であるという意味だ。そして新しい法律ができ、それが古いものと矛盾すると古いものが自然と無効になる。それほどシステムは簡単だ。

戦前の英和大辞典を引くと「constitution」の項目には、「written constitution」と「unwritten constitution」と書かれている。つまり、「書いた憲法＝成文憲法」と「書かない憲法＝非成文憲法」である。イギリスは書かない憲法を選択した。アメリカは独立したことを世界に示さなければならないため憲法を書いた、つまり成文化した。革命を起こしたフランスも同様に文字にした。すると、書くとわかりやすくて都合がよいということで立憲運動が起こり、それが日本にも入ってきたのである。

伊藤博文が明治憲法をつくる時に一番苦労したのは、日本の国の体質、つまり国体（constitution）と世界の常識を合わせることだった。だが、皇室に関してはどうしても世界の常識に合わせることができなかったので、憲法には入れず、皇室典範《てんぱん》をつくった。これは皇室の家法であるとし、憲法とは関係ないとしたのである。まさに綱渡りのような見事さで伊藤は道を開いた。

ちなみに指摘しておけば、天皇の地位については、明治の帝国憲法でも占領下の新憲法でも変わっていない。ポツダム宣言を受諾する時、鈴木貫太郎内閣は「天皇の国法上の地位を変更する要求を含まざるもので諒解する」ということを述べていたが、これは実現した。というのは帝国憲法においても法律をつくるのは天皇でなく議会であった。議会がつくった法律の発布に天皇の名前と玉璽《ぎよくじ》が使われたのである。

これは現在でも同じで、法律は議会がつくり、その議会の開会や法律の発布には天皇の権威が関与する。天皇を日本国民の、つまり日本統合の「象徴」と考えることは明治時代から普通であり、新渡戸稲造《にとべいなぞう》の『武士道』にも用いられている表現である。天皇に対する国民の叛乱など、フランス革命みたいなものは日本ではなかったのであり、「天皇vs国民」の対立ではなく、常に「政府（幕府）vs国民」であった。

天皇・皇室に関することで占領軍が根本的に変更したのは、「憲法」においてではなく、「皇室典範」に関してであった。「皇室典範」は前に述べたように、「皇室の家法」であって、憲法とは関係ないと明言したのは、「皇室典範」を成文化した責任者の伊藤博文であった。ところが占領軍は「皇室典範」を「憲法」の下位法規にしてしまったのである。

明治時代の皇室典範は実によくできていた。主権のない時代につくられた日本国憲法はいったん無効にし、明治憲法に戻って、それを改正すべきである。そうすれば皇室典範も明治のものに自動的に戻せるので、皇族を復活させることができる。

皇室典範は皇室の家法であると伊藤博文が明確に言っている。天皇陛下ですら変えることができない、連綿《れんめん》と続いてきた家法である。これを守り、皇統を守ることが、日本文明を守り続けるためには重要なのだ。

※本論考は「渡部昇一日本の歴史シリーズ」①古代篇『神話の時代から』、⑦戦後篇『「戦後」混迷の時代から』より一部を抜粋してまとめたものです。

（『W·iLL』二〇一七年七月号初出）

〝サムライニッポン〟今いずこ

日本よ、完全自立への道標

――憲法改正は民族の沽券

石原慎太郎
作家

モリカケ問題という低劣な問題にかまけている暇があったら、最重要議題に目を向けるべき。憲法改正なくして、日本の自立はあり得ない

憲法議論の空しさ

安倍総理が一念発起して憲法の改正を唱え出してから憲法議論が盛んなのは結構だが、その一方、モリカケ問題などと言う低劣な問題が現内閣批判に被せられて、正統な最重要議題を希薄なものにしているのは残念でならない。

それにしても、この問題を口にしている議員たちの歴史認識の無知と浅薄さにはあきれている。例えば醜悪とも言える憲法の前文の中の助詞の間違いについて一つでも指摘出来る議員が何人いることか。かつてシェイクスピアの全訳をものしたこともある福田恆存《ふくだつねあり》氏が言っていたが、憲法の前文なるものは英文和訳の答案としても落第寸前のものでしかないと。

憲法の改正と言うのはそれを区切りにしての新しい歴史の造成に他ならない。そのためにはかつての日本の代

表的知性だった小林秀雄氏が言っていた通り歴史を現実として考える時には少し遠い目で歴史を振り返り、歴史の問題について考えなくてはならぬ筈だ。現憲法についての過去の歴史とはそれほど遠いことがらではなしに、僅《わず》か数十年前の敗戦の折りのこの国の立場についてのことだ。

同盟国として戦いに敗れたドイツは降伏の際連合国に三つの条件をつきつけこれが受け入れられぬ限り徹底して戦うと宣言していた。

第一は敗戦の後のドイツの国家の基本法たる憲法はドイツ人自身が作る。

第二は戦後の子弟の教育方針はナチズムへの反省をこめてドイツ人自身が決める。

第三はいかに数少なくとも国軍はこれを保有することだった。

これに比べて日本は二発の原爆に腰を抜かして全くの無条件で相手の軍門に下ったのだ。

さらなる大きな過失は日本の独立が認められたサンフランシスコ条約が締結された時、当時の日本の首相吉田茂が敗戦直後占領軍が作って与えた憲法を独立国の主体性を踏まえて破棄しなかったことだ。

あの巨《おお》きな過失は日本の独立なるものが所詮虚構でしかないことを強く暗示している。それはかつて日本という国家の存在が世界の歴史の原理から外れたものだったことに因《よ》っている。

日本と言う国家をアメリカに隷属させる必然性は世界の歴史、特に中世以後の世界の歴史の原理にのっとっている。

その原理とは「白人の有色人種への一方的支配」だ。それを象徴する興味ある文書が白人の精神的最高指導者であるバチカンの法王の公式書簡として最近発見されている。

中世は大洋を渡る航海技術と、火薬、そして印刷術という三大発明によって幕を閉じたが、アラブ人から習った航海術で大西洋を渡った白人が最初の植民地として君臨したのは西インド諸島で、そこで彼等は原住民を持参した鉄砲で動物狩りのゲームとして射ち殺しまくっていた。それを目にしていた同行の神父たちがさすがに見兼ねて当時のバチカンの法王パウロ三世にお伺いをたてたら、法王の公式見解としての返書があり、それには「有色人種は人間として認められない。ただし彼等がキリスト教に帰依したら人間として認める」とあった。

もっと露骨な事例としては十五世紀に日本に渡来した宣教師たちが日本の大まかな地図を当時の法王に献上したら、法王がその地図を線引きして近畿から東から北はスペインにくれてやる、西から南はポルトガルに与えると宣言している。秀吉か信長が聞いたら即座に法王を切り殺していただろう。

これらの歴史の挿話が証すように中世以後の世界の歴史の原理は白人による有色人種への一方的な支配だった。

それを象徴する二人のイギリス人がいる。未開な太平洋の全ての島々を訪れ、当時のイギリス王の名の下に植民地化してしまった名だたる航海者キャプテン・クックと、未開の蛮地アフリカ大陸を踏破し植民地化してしまった冒険家スタンレーだ。鎖国をしていた禁断列島の日本は幸いその難をまぬがれはしたが。

そして鎖国の下での江戸時代の日本社会の成熟は江戸末期に到来した西洋文明を素早く咀嚼《そしやく》し有色人種の中で唯一の近代国家を作り上げてしまった。その新国家は西欧に真似て軍事に専念し白人たちに真似て己の植民地の開拓に専念し始めた。それが傀儡《かいらい》国家満洲の誕生に及ぶと白人たちの列強はこれを看過できなくなり日本は彼等に追い込まれて行く。

いずれにせよ国威の象徴たるロイヤルネイビーを造成しさらに世界最大の戦艦大和と武蔵を保有するにいたった有色人種の手によって作り出された強大な軍事国家「日本」なるものの存在は白人たちの目から見れば、世界の歴史の原理にもとる許すべからざるものに他ならなかったろう。

世界史の原理に背いた国

彼等が奉じる神の摂理にも背く大量殺人兵器の原爆行使。既に制空権を失った首都への焼夷弾《しよういだん》による非人間的な絨毯爆撃の行使の背景に在るものは、世界史の原理に唯一背いた者への報復に他ならなかった。

日本の無条件降伏によって君臨した新しい為政者の為政の眼目はこの国を二度と世界史原理に背かせぬということ以外にありはしなかった。彼等が手作りして押しつけた新憲法なるものは報復の手立ての一つにすぎない。

世界有数の資源貧弱国家である日本が西欧の列強に伍し自立を保つためには枯渇している資源の確保に腐心しない訳にはいかなかった。そしてそこにつけ込んで日本への資源供給を断つためのハルノートが発せられ日本は戦争に追い込まれ敗れるべくして敗れさった。

日本を敗戦に追い込み戦後日本の支配者となったマッカーサーは一九五一年の上院の委員会における極東政策を巡る公聴会で述べている、「日本には絹産業以外には固有の産業はほとんどない。綿も羊毛もない。石油の産出も錫《すず》もゴムもない。その他これ以外に実に多くの原料が欠如している。もしこれらの原料の供給が断ち切られたなら、一千から一千二百万の失業者が出ることを彼等はおそれていた。したがって彼等が戦争に飛び込んでいった動機は大部分が自衛の必要に迫られてのことだった」と。

これは正確な分析であり歴史的な真実に他ならない。しかしそれは決して敗者にとっての言い訳にはなりはしない。

我々は敗れるべくして敗れたのであったが壮烈な戦に敗れた者としての沽券はある筈であって、敗者としての最低限の沽券と尊厳は絶対に守られなくてはなるまい。それは勝者による恩恵に依るものではなくしてあくまで国家民族としての自負と名誉によって獲得されるべきに違いない。

世界の歴史の原理に背いて稀有なる有色民族による自立国家を築いた日本を歴史の原理を背負って徹底して裁き骨抜きにした白人の列強に対して、その歴史原理に真っ向から背いて立ち上がった民族の沽券にかけて我々は憲法という国家の背骨をいまこそもう一度他ならぬ自らの手で書きなおさなくてはなるまいに。

いびつな憲法

日本語としてはいかにもたどたどしい憲法前文に続く九条にこめられたものは白人社会の依って立つ歴史の原理、つまり白人ファーストなる歴史の原理の永続保持に他ならない。そのためにこそ彼等は彼等の奉じる神の摂理にも背く瞬間的な大量殺人手段を控えはしなかったし、戦後間もなく突然持参した彼等の手作りの憲法の原案を政府関係者におしつけ僅かに三時間の間に熟読しこれを了とせよと厳命し、その間我々は日向《ひなた》ぼっこして原子力の恩恵に浴していいようと恫喝《どうかつ》とも嫌みともつかぬ捨て台詞で部屋を外していたという屈辱的な挿話を今国会などの場で憲法を論じている者たちの内の一体何人が記憶していることだろうか。

　この国の代表的知性ともいえた小林秀雄氏が言っていたように、憲法改正と言う新しい歴史の造成の時にあたって私たちは一度さして遠くもない昔の歴史をふりかえって我々が論じ考えなくてはならぬものの所以を、己のためだけではなしに、間近な子孫たちのためにも考えなおさなくてはなるまいに。

　今は亡き江藤淳がいびつな憲法の有無をいわさぬ押しつけに象徴される、占領軍への一切の批判を禁じた強烈な言論統制について記した名著『閉された言語空間』が暗示するように、ある時突然一部の政府関係者も困り、提示して僅か三時間の間に通読して了解せよと迫り「その間我々は外で日向ぼっこし原子力の恩恵にひたって過ごすから」と原爆を想起させる脅迫じみた冗談で当事者を追い込んだ為政者の横暴を我々は、今後の国家の在り方を規定する新しい憲法について論じるこの今にこそ想起せざるを得まい。

（『WiLL』二〇一八年七月号初出）

いしはら　しんたろう
一九三二年、神戸市生まれ。一橋大学在学中に執筆した『太陽の季節』で五五年に第一回文學界新人賞、翌年芥川賞を受賞。六八年、参議院全国区に出馬し、史上初の三百万票を得てトップ当選。七二年、衆議院選挙に無所属で出馬して当選。九五年、議員辞職。九九年に東京都知事選に初当選して以来、四選を果たし、二〇一二年、都知事を辞職。一四年、政治家を引退。

〝サムライニッポン〟今いずこ

ガラパゴス憲法に侵された憲法学者たち

篠田英朗
国際政治学者

宮澤俊義、長谷部恭男、石川健治、木村草太……なぜ、かくも東大法学部系教授は特殊なイデオロギーに染まるのか

イデオロギーに酔う憲法学者

――日本はアメリカから〝有志連合〟への参加を呼び掛けられています。戦後七十年以上が過ぎているのに、篠田先生が『憲法学の病』（新潮新書）で指摘されている「ガラパゴス憲法論」で良しとする憲法学者たちが一定度存在しています。

篠田　ホルムズ海峡への自衛隊派遣は一つの政策論ですから、そこで議論すべきでしょう。法改正は必要に応じて行えばいいだけですが、その時期、あるいは有志連合の枠組みとの距離のとり方などについては、様々な政策論的オプションがあり、政策的議論が必要です。

　ですが、あってはならないのは、憲法論に持ち込んで、派遣の是非を論じることです。そもそも憲法が自衛隊のホルムズ海峡派遣を禁じているなどとは言えません。

　特定の社会勢力による憲法の曲解によって、政策論を強引に捻《ね》じ曲げることだけは、何としてでも防がなければなりません。

私は日本だけで通用する論理構成で、独特のイデオロギー的方向性に従った憲法解釈を主張する特定の社会集団の文化を「ガラパゴス憲法論」と呼んでいます。

　この「ガラパゴス憲法論」を支えているのは、精緻な憲法解釈ではなく、「軍国主義の復活を防ぐ」「権力を制限するのが立憲主義」「アベ政権はいつか来た道を走っている」といったようなフワッとした抽象論か、イデオロギー色丸出しの〝政治漫談〟にすぎません。

　その地位を支えているのは、憲法解釈の精緻さではなく、イデオロギーで結びつく社会集団のネットワークです。

　ちなみに私は、一九九三年にPKO法に基づいて選挙支援要員としてカンボジアでの国連PKOに参加したことがあります。

　当時、日本のマスコミが「自衛隊は違憲だとは思わないのか」といった問題関心しか持っていないことに辟易《へきえき》としていました。

　その背景に、奇妙な日本の憲法学のイデオロギー的傾向があることは、当時から強く意識せざるを得なかったのです。

　研究者になってからも、平和構築という政策分野を専門にしていたため、国際平和への貢献を憲法の問題としてしかとらえられない日本国内の雰囲気には大きな不満を持ち続けていたのです。ただし若い時には、日本のことなど論じずに、専門である国際的な平和活動に関する研究の実績を積んでいました。

　ところが、二〇一四年頃からの安保法制の喧騒を見ているうちに、古い記憶がよみがえってくるのを感じました。

　同時に、すでに自分も四十代半ばになり、少し踏み込んだ言説をしてもいいだろうと思ったのです。そこであえて本格的に「ガラパゴス憲法論」の歪みを徹底的に批判する仕事をしてやろうという気持ちになり、『集団的自衛権の思想史』（風行社／二〇一六年）や『ほんとうの憲法』（ちくま新書／二〇一七年）、そして今年、『憲法学の病』を刊行しました。

東大法学部系教授の病

——「ガラパゴス憲法学」の歪みを体現する憲法学者として、宮澤俊義《みやざわとしよし》、長谷部恭男《はせべやすお》、石川健治、木村草太……など、東大法学部系教授を取り上げられていますね。

篠田　これらの憲法学者に共通して見られる特徴は、「反米主義」を自らの議論の正しさの基盤としている点です。憲法学を認めないと、日本はアメリカの属国になる、といった考え方を持つ人たちにアピールし、反米主義が価値判断の基準となっている人々の間で人気を維持しています。
　では、四人の特徴を個別に見ていきましょう。

『憲法学の病』（新潮新書）

・宮澤俊義――宮澤教授は、太平洋戦争中には英米主導の国際秩序に挑戦すべきと主張し、太平洋戦争を称賛していました。終戦後は、大日本帝国憲法のままで何も問題がないと主張していたのです。新憲法がＧＨＱによって起草されたことを知ったときには、あえてポツダム宣言受諾時に日本国民が主権を握る革命を起こしていたとする「八月革命」説を唱えて、憲法におけるアメリカの影を消しました。
　これによって起草者が意図しなかった憲法解釈を学界通説とするイデオロギー的基盤をつくったのです。

・長谷部恭男――長谷部教授は、冷戦終焉後の世界において、自衛隊を違憲とし続ける憲法学通説は持ちこたえられないと考え、「良識」によって自衛隊は合憲となる、とする思い切った主張を展開しました。ただし本人としては、これは憲法学を守るための微調整に過ぎなかったのです。安保法制や現在の改憲論の議論においては、憲法学者を代表して、反アベ・反米主義を大々的に掲げた言説を展開しています。

・石川健治――石川教授は、安保法制の際に、「これはクーデターだ」「集団的自衛権は異物」といった政治スローガン的な言説で「反アベ・反米主義」を前面に押し出した言説を広範に行いました。
　師匠の樋口陽一への忠誠心を表現したかったなどと噂されましたが、学者としての問題関心は哲学的な方面に偏っており、政治的言説の学術的な裏付けは、研究業績から解析することはできません。

・**木村草太**――木村教授は、マスメディアやSNSを通じた憲法学者の広告塔の役目を果たしている人物ですが、自意識過剰で「自分が論争に勝利した」という宣言を出すことにのみ過剰な関心を持つ傾向があり、論理的な精緻さを度外視する傾向があります。安保法制の際に集団的自衛権を違憲とする主張を声高に行ったため、現在でもその収拾に苦慮しているところが見られます。

たとえば日本国憲法には「軍事権」の規定がないから、日本は「軍事権」を行使できない（他国の憲法にも「軍事権」なるものの規定はないのだが）といった意味不明な主張を根拠にして、次々と論理的に飛躍している結論を導き出したりする態度などが象徴的です。法哲学者の井上達夫教授らが木村教授を強く批判していますが、他の憲法学者も距離を置き始めているようです。

特殊な憲法学者

――東大法学部出身者の多くが「ガラパゴス憲法学」の隘路《あいろ》にはまっているように見えますが、特有の学風でもあるのでしょうか。

篠田　強いイデオロギー的傾向があるため、特殊な解釈がイデオロギー的な基盤で伝承されていくという傾向は見られます。

そもそも憲法学の特殊なイデオロギー的傾向は広く知られているので、憲法学者を志す者が同じイデオロギー的傾向を持つ者ばかりであるのは、むしろ当然でしょう。

また憲法学のような古い学問分野における東大法学部出身者の場合には、二十五歳くらいで、いわゆる「植民地大学」（東大の影響力の強い国公立大学など）の准教授になっていくのが人事の慣行であり、いわば博士論文は書かなくても、指導教授の推薦だけで一生を安泰にしてもらえる特殊業界が形成されています。人事が学界通説を決めているところもあると言えるでしょう。

――「憲法はこうであらねばならない」という理念的・理想的憲法学者が多く見受けられますが。

篠田　憲法をイデオロギー的に解釈することを美化する特異な文化が日本の憲法学に存在しています。その傾向を愛して求める人こそが憲法学者になることを志し、そうでない者は間違っても憲法学者にだけはなりませんよ（笑）。

あるいは、その傾向に反する人は、

人事慣行のフィルターなどを通じて主流派からは排斥されていく仕組みになっているので、戦後史を通じて、特殊な傾向が、拡大再生産されてきたのだと言えます。

罪深い曲解

　憲法九条一項に関しても、一九二八年の不戦条約と一九四五年の国連憲章の「コピペ」であり、ここから国際法から逸脱した内容を読み取ることはできません。放棄されているのは、もともと国際法で違法とされている「戦争」ですし、自衛権や集団安全保障が放棄されていると主張するのは曲解です。

　憲法学通説は、二項の「戦力」不保持と「交戦権」否認によって、一項に立ち戻って絶対平和主義にそって解釈を修正する「ちゃぶ台返し」の解釈が正しい、などとします。

　ですが、「戦力（war potential）」は、「戦争潜在力」のことであり、用語と文脈からすれば、一項で放棄された国際法において違法な「戦争（war）」を遂行することを目的とした「潜在力」と理解すべき概念です。国際法における秩序維持原則である自衛権や集団安全保障のための手段の不保持は含んでいないのです。

　また「交戦権」は、国際法に存在していない概念であり、その存在の否認をしても、何も失うものはありません。

　「交戦権」は、太平洋戦争中の大日本帝国で用いられた概念であり、否認されているのは、戦争中の大日本帝国における考え方で、現在の日本の国際法上の権利に一切影響を持ちません。

　つまり、九条は、国際法を蹂躙《じゅうりん》した歴史を反省し、国際法を遵守《じゅんしゅ》していく、という内容を持った条項です。前文から、日本国憲法は、そのことを素直に説明し続けています。

　ところが憲法学通説は、国際法から逸脱し、国際法の規範を拒絶するための論拠として九条を解釈すべきだと主張する。罪深い曲解ではありませんか。

しのだ　ひであき
一九六八年生まれ。専門は国際関係論。現在、東京外国語大学総合国際学研究院教授。早稲田大学政治経済学部卒業。ロンドン大学（LSE）で国際関係学Ph.D.取得。広島大学平和科学研究センター准教授などを経て、現職。『平和構築と法の支配』（大佛次郎論壇賞）、『「国家主権」という思想』（サントリー学芸賞）、『集団的自衛権の思想史』（読売・吉野作造賞）ほか著書多数。

（『W・iLL』二〇一九年十一月号初出）

「論」より「運動」のとき――
安倍時代の改憲しかあり得ない

小川榮太郎
文芸評論家

日本には時間がない――憲法改正の為の国民投票は、自らの手で日本を守ろうとする積極的な心情を駆り立てるだろう

現実主義者・安倍晋三

今更憲法を論じていてどうするのか。

現職の安倍晋三総理大臣が、岸信介元首相以来半世紀ぶりに憲法改正を政権目標に掲げ、巨大安定与党である自民党がようやく重い腰を上げ、九条を含む改正四項目を国民に訴える運動に入っている。

愛国保守派を自認するならば、憲法論議や改正内容の是非をちょこまか並べ立てていていい筈がない。今は国民への浸透を図る運動こそが全てであり、全ての愛国派、保守派が

改正運動に全精力を注力すべき時だ。何故か――。

現状において、憲法九条改正こそが、日本の存亡の決定的な分岐点になると考えられるからである。

憲法改正論自体は、昭和二十八年、鳩山一郎が九条を中心とした改憲を公約して以来、保守派によって無数に論じられて今日に至っている。

昭和三十二年には岸信介内閣の下、鳩山の提唱で内閣に憲法調査会（高

柳賢三会長）が設置された。七年の間に総会百三十一回、小委員会四十九回、公聴会四十六回、起草委員会三十四回など精力的に活動し、昭和三十九年、池田勇人首相に最終報告書を提出した。

が、安保騒動による岸退陣の悪夢を受けた池田政権以後、改憲は封印され、当時の保守系政治家、法曹関係者、知識人が総力を挙げた調査会の成果は無に帰してしまう。

その後も保守系知識人や自民党において改憲の灯火は細々と続くが、誰も現実的課題として取り組む現職首相は出ないままいたずらに月日が過ぎた。

平成十八年に第一次安倍内閣が発足するに及び、ようやく、現実的な改憲機運が半世紀ぶりに訪れる事になる。

安倍氏は現実主義者である。

保守系政治家や知識人が様々に現行憲法の非を吠えてみせ、論議の為の論議に終始する中で、安倍氏は、国民投票の為の法律を定める事に改憲の第一行程を定めた。

平成十九年一月、参議院に憲法調査特別委員会を設置、五月にはマスコミと霞が関による猛烈な安倍潰しの嵐吹き荒れる中、国民投票法を成立させた。そして、八月には衆参両院に憲法審査会を設置する。いずれも憲法改正を現実の日程に乗せる上では不可欠のものだ。

そうした作業を経て、平成二十四年には当時の谷垣禎一《さだかず》総裁の下で自民党の改正草案が決定された。これは当時自民党が野党であった事を受け、天皇元首の明記や国防軍についての詳細な規定を含む保守色の強いものだったが、大方の予想に反し同年安倍氏は復権を果たし、十二月にはあれよあれよという間に第二次安倍内閣が発足した。

自民党のサボタージュ

その後、安倍氏は第一次政権での失脚に鑑みて憲法改正を当面封印し、アベノミクスによる株価、賃金上昇、就業率の改善などに注力し、選挙で再三再四大勝する。選挙で大勝し、安倍一強を確かにする度に安倍氏の外交的影響力も上昇する。外交力が上がれば、安全保障環境も又改善する。

第一次政権が理念的な先走りで短命に終わった反省の上に立ち、第二次安倍政権はこうした時間の掛かる循環的な政権力＝国力上昇の方法論に則り、ついに憲政史上最長政権となって今に至っている。

　ところが、自民党が鈍い。側近の保守系議員でさえ、改憲は十年後だなどと陰で嘯《うそぶ》いていたのを私は呆《あき》れて聴いた覚えがある。

　総裁三選を果たした安倍氏は、遅々として理解の進まない自民党に活を入れる為であろう、平成二十九年五月、憲法に自衛隊を書き込む事及び、二〇二〇年までの九条改正を含む改憲を目指す事を明言した。

　が、折しも安倍氏が改憲を明言したその後、森友事件に続き、朝日新聞が加計事件による倒閣運動を企図し、安倍政権は政治的エネルギーを大幅に消耗する。更に北朝鮮核ミサイル、日ロ交渉の失速、破天荒なトランプ外交、中国の圧迫などへの防御に、安倍氏は政権のエネルギーの大半を費やす事になる。

　安倍氏が旗を振らねば、自民党側から自発的な改憲機運は決して起きない。悲しむべく憤《いきど》ろしい事であるが、自民党の大半の議員にとって安倍氏は選挙当選の為の道具に過ぎず、国家の大業を成し遂げる気など全くないのだろう。

　とにかく遅い。

　野党は安倍政権下での改憲には応じられないという信じ難い屁理屈で、憲法審査会の開催そのものを妨害し続けている。

　それに対して自民党は野党の抵抗を良い事に、選挙に不利に働く可能性のある改憲をサボタージュしているというのが実相だろう。

　安倍氏が再三、国会にも自民党にも改憲議論を先に進めるよう呼び掛け、現在の自民党執行部である二階幹事長、岸田政調会長らは、憲法改正の為の国民運動にようやく着手した。

　だが、遅い。

　ままごとをやっているとしか思えない。危機感や切迫感が余りにも乏しい。

　安倍氏がもし改憲への果断な戦いを挑まないまま四選せずに退陣した場合、氏の後を受け、現実に改憲に踏み込もうとする総理大臣がいるとは思えない。

　安倍氏ほど強固な理念を持ち、しかも強力な政権力を保持し続けた稀有の宰相に不可能だった改憲が、一体他の誰によって可能だというのか。笑話にもならぬ夢物語にすぎない。

　私は断言しておく。次の禅譲を狙う人は、それが誰であれ、退陣前の安倍氏に、改憲を必ず実現して見せると口約束をするだけに決まっている。「時期尚早」「慎重に見極めて」などと言いながら、改憲は再び無限に遠のくであろう。その意味で、改憲は今現在、安倍氏の任期中にしかあり得ない。

　それを保守派の誰よりも知り、懸命に阻止し続けているのが反日リベラル側であり、彼らをコントロールしていると思われる背後勢力である。

　安倍首相は、どんなバッシングにも動じず、秘密保護法、安保法制の整備に漕ぎ着け、選挙の度に大勝を繰り返してきた。その安倍政権の政治的パワーを封じ込めたのは、森友加計事件という、政権疑惑度ゼロの捏造《ねつぞう》された安倍叩きだった。その後、政権の飛翔力は大きく陰る。更に、昨秋からは桜を見る会叩きである。

　これらは端的に、憲法改正の国民投票を潰すという政治判断に基づいているのであろう。野党は森友加計で騒ぎ続けて、予算審議さえこの数年おざなりにしている。日本の憲政史上こんな異常な野党は存在しない。

　日本には時間がない。

　安倍氏自らが最後の政権担当力を振り絞って阿修羅の如き形相となり、改憲に突き進む――そして我々も又、憲法改正の為に死ぬ奴はいないのかと絶叫した三島由紀夫の檄《げき》を受け、護国の鬼と化して安倍氏に殉死する覚悟で改憲運動に体当りしなくていいのか。

　今、日本は瀬戸際にあるのに、我々保守派の何かが、余りにも緩くなりすぎているのではないか。

国民投票は「マインド」を変える

　自民党の改憲案は（1）自衛隊の明記、（2）緊急事態対応、（3）合区解消・地方公共団体、（4）教育充実である。

　保守派が一致団結して燃え立ち難いのは分る。

　とりわけせっかく九条改正を打ち出したのに、交戦権の否定、戦力の不保持を定めた九条二項を削除せずに自衛隊の明記を付加しても、現状の追認にしかならないではないかという声は根強い。

　しかし、昨年三月、自民党の憲法改正推進本部は九条改正の「条文イメージ（たたき台素案）」を発表しており、それは以下のようなものにまで練り上げられている。

第九条の二　前条の規定は、我が国の平和と独立を守り、国及び国民の安全を保つために必要な自衛の措置をとることを妨げず、そのための実力組織として、法律の定めるところにより、内閣の首長たる内閣総理大臣を最高の指揮監督者とする自衛隊を保持する。
② 自衛隊の行動は、法律の定めるところにより、国会の承認その他の統制に服する。

これは後述するように、二項をそのままにしての加憲案としては、我が国の安全保障を抜本転換し得る所まで熟考されたものと言って差し支えない。

この線で最終的な条文案が確定すれば、日本国成立以後の七十四年で最大の政治的衝撃力を持つ事になるのは間違いないであろう。

いや、国民投票に九条改正を掛け、仮に否決されたとしても、極めて大きな地殻変動が日本に生じるのは間違いない。

抜本的な新憲法制定という事実上のクーデターを実現できれば別だが、今の保守派にそんな政治的エネルギーも勇気もないのは見ていれば分る。口先だけの人士がいるだけだ。

そうである以上、現在取れる日本の延命策として、安倍政権下における憲法九条改正案提出以上に有効性のある施策は無い。――私はそう断言しておきたい。

尤《もっと》も、憲法九条の条文そのものは、現時点でも、政府解釈と安保法制により殆ど解体されている。

事実上、日本の防衛予算、自衛隊の戦略、戦術、立案などに大きな不備や偏差があるのは、九条の条文そのものによるというよりは、専守防衛として手足を縛る解釈をしてきた歴代政権の法解釈の積み重ねによる。

例えば軍事費のＧＤＰ比一％枠は三木武夫政権が特段の根拠もなく定めた閣議決定にすぎないが、それでも日本の安全保障政策を大きく縛ってきた。

その意味では現行の九条の埒内でも、更なる解釈改憲を重ねれば安全保障政策の強化が不可能だとは私は思っていない。

しかし、日本のように法解釈の連続性を重んじる行政慣習の下では、憲法の条文そのもの以上に、「憲法解釈の積み重ね」こそが、法制局、財務省、防衛省、内閣、国会の「マインド」を縛るのである。

そうした縛りはリベラルマスコミによる防衛＝悪の刷り込みによって、国民の「マインド」をも拘束する。

九条改正を国民投票に掛ける事は、

そうした国民や行政、立法の担当者らの「マインド」を大きく変え、且つ解釈の積み重ねを御破算にする事――その決定的な契機となる。

だからこそ、安倍時代における改憲発議が何としても必要なのである。

マスコミの「恫喝」を恐れて

その点を、以下詳論しよう。

第一に、憲法改正に国民が直接参与する事の、精神史的な意義である。

我が国は、大日本帝国憲法、日本国憲法と二つの近代憲法を有しているが、国民が憲法の制定に参与したことがない。先進国では全く異例の事だ。

政権をほぼ独占してきた自民党が自主憲法制定を党是としているにもかかわらず、マスコミ、アカデミズムら護憲派の倒閣運動を恐れ、改憲を封印してきたのは、読者周知の事であろう。考えてみれば全く奇妙な話ではないか。

民意を受けた政権党が改憲を主張しているのに、何ら民意と関係ないマスコミが改憲阻止の為のキャンペーンを張り続けてきた。

しかも、如何にマスコミに影響力があるとは言え、歴代総理がそのキャンペーンを恐れて、改憲という国家経営の核心的政策を封印し続けた勇気と智慧のなさは全く呆れるばかりである。

一九六〇年に岸信介が後任の池田勇人に憲法改正を託すと言及した後、二〇〇六年、第一次政権での安倍氏が所信表明演説で改憲に言及するまで四十六年間、総理として改憲に言及した人は存在しないのだ。

民意を受けた政権が、マスコミのキャンペーンを恐れて憲法改正の国民投票を封印する――そんな国はデモクラシーでも何でもあるまい。

日本の戦後民主主義とは、実は、その根本において、「国民よ、お前たちは、日本国憲法なり、戦後民主主義なりの奴隷だ。大人しくしていろ」という民主専制国家であった。戦前、五・一五事件の頃から、国民に「黙っておれ」と恫喝《どうかつ》してきたのが軍部と右翼だったとすれば、戦後、国民に向かって「黙っておれ」と恫喝してきたのは、アカデミズム＝マスコミであった。

マスコミ最大の恫喝対象は「憲法改正」である。

考えてみればこれほど立憲主義の原則、国民主権の原則を踏み躙《にじ》る振舞いはない。

憲法改正の為の国民投票こそは、日本国民が主権を直接行使する唯一にして至高の機会だからである。その機会を封じ込め続けたのが、よりによって政治権力者たちではなく、リベラルや戦後民主主義を標榜するマスコミだった。

リベラルアカデミズム＝マスコミによる国民主権の根幹への侵害——これこそが戦後日本の歪《ゆが》みの本質なのである。

欽定憲法から民定憲法へ

憲法を国民投票にかけ、自らが信じる憲法の姿を、国民の手でつくり上げてゆく——。実は、この営みの「保障」こそが、立憲政治の根源だからである。改憲派、護憲派共に立憲政治を標榜する以上、ここを否定する事は絶対に許されない。

考えてみてほしい。

北朝鮮の国民や中国の国民は憲法改正に参加できない。国民が自発的に改憲を発議しようものなら容赦なく弾圧されるであろう。

私達は、彼らを共産党の政治的な奴隷として憫笑《びんしょう》してきた。だが、我々にどうして彼らを憐《あわ》れむ事ができようか。

我々日本人も又、憲法を全くいじれないまま七十年以上沈黙を余儀なくされてきた。改憲を唱えようものなら、右翼呼ばわりどころか人間の屑《くず》のように罵《ののし》られ、社会的、政治的に抹殺される事さえ稀ではない時代が長く続いた。

その意味で我々は、リベラルマスコミという名の独裁者に支配された政治的な奴隷だったのである。

だからこそ、今、もし安倍政権が憲法改正を国民投票に問う所まで漕ぎ着ければ、その事実だけをもってしても日本国民を史上初めて、立憲主義の中核に招きいれる事になる。国民投票によって、日本人は初めて立憲主義の核心を肌身で経験する。

仮にそこにおいて、九条改正案が否決されたとしよう。

否決されたとしても、憲法改正を国民が肌で実感をしたという事実は、憲法の改正の中身如何よりも遥かに強いものになる。

というのは、一度憲法に触れる経験を得た国民は何れの立場にせよ、以後憲法改正そのものを要求する様々な運動、政治活動を試みるようになるだろうし、各政党の憲法に対する姿勢を注視するようになるだろうからだ。

もし九条改正が否決された場合、可決させるための新しい工夫と勢力と政治運動は、必ず若い世代から生じるだろう。

その意味で、改正の可否にかかわらず、私は安倍総理、自民公明両党に、国民投票発議に向けた強力な主導力を発揮してもらいたい。

国民投票こそは、立憲政治の中核に日本国民が歴史上はじめて触れる機会、つまり百三十年に及ぶ二度の欽定《きんてい》憲法から、はじめて民定憲法体制へと、日本の「政体」の本質が移動する機会と言えるのである。

これこそは、安倍氏が国民に与える至高の政治的遺産となるに違いない。

そして、日本の政体が本質において変更され、国民に立憲政体における主権者としての目覚めが生じた時、それは更に大きなハレーションを引き起こす。アメリカ及び、中国、朝鮮半島、ロシアの対日観が根本から変更を余儀なくされるからである。

ナショナリズムの覚醒

九条改正に国民の指が直接触れるとは、安全保障方針そのものに国民の手が及ぶことでもある。その新しい日本国民の姿を、アメリカは同盟の次元が変わる可能性として受け止めるであろう。

他方、中国の危機感は極度に高まる。

中国にとって最大の脅威は、個々の政権や政策以上に、日本国民の覚醒そのものである。民主主義国家の政権に可能なことは限られている。大統領制ではなく議院内閣制を採る日本では、とりわけ政治決断は、与党を含む議会とマスコミに大幅に拘束されざるを得ない。

他方、国民のナショナリズムが覚醒した場合の政治的、国家的エネルギーは遥かに強力だ。

憲法改正の為の国民投票は、日本国民がナショナリズムに目覚める可能性を一気に高める。そうなった時、日本人は自らの目で中国の日本に対する侵略意図を見つめ、自らの手で日本を守ろうとする積極的な心情の論理に動かされ始めるだろう。憲法九条に国民が直接触れた瞬間に、日本人の中の「マインド」に大きなスイッチが入る。

そうした新たなるナショナリズムを背景に、自衛隊への理解の促進、軍事費のGDP比二%への拡大、核武装を含めた自立的な防衛力強化に踏み込む国民的気運が高まる可能性は高い。

一方、幸いにも九条改正案が国民投票を通った場合、その効果は更に数倍する。この場合の覚醒は国民のみならず、政治家、官僚、財界、そしてマスコミをも巻き込むことになるからだ。彼らはナショナリズムの声なき声の大きさにようやく気付く。マスコミ、野党による憲法改正阻止が、最早国民を呪縛しない姿を知り、大きく国民観を変えざるを得なくなるであろう。

勿論、安全保障政策そのものも実は根源から変わり得る。

何よりも、戦後レジームから脱却できない日本の官僚機構の中で、憲法解釈が一度リセットされる事は決定的である。安倍総理の指導下で改正憲法の解釈が確定するならば、その解釈の礎石こそは安全保障上の革命になると言ってよい。

その場合、自衛隊の明記は国防軍の明記と本質において違いはない。

自衛隊の詳細な定義は憲法には記載されない。国防基本法、自衛基本法などを新たに制定し、自衛隊の定義を改正するのは容易であり、そこで国防軍としての性格を明確にするのは充分可能だからだ。

また、二項が残っても、新たな項目が加わった以上、「戦力」と「交戦権」を再定義する必要が生じる。下位法の立法において、二項を無力化する事も充分可能だと私は考える。

だからこそ言いたい。

安倍政権時代に九条を含む改憲発議を必ず実現する事は日本国民の間に、立憲主義とナショナリズムの覚醒を生み、それは日本の自立と安全を飛躍的に高める。日本国民はマスコミに抑圧された政治的下僕から、立憲国家の主体的な国民へと変貌を始める。

また日本政府による法解釈の積み上げは一旦ご破算となり、新たな立法により、安全保障政策は根源から変更し得るものとなる。

護国の鬼となるのは、今ぞ

ならばこそ言う、その為の運動に今挺身しなくて何の保守であるか。自民党は重い腰をあげ、ようやく国民に対する周知運動をはじめた。

が、精力的な取り組みは一部議員に限られる。管見の限りで憲法改正の勉強会を積極的にツイッターなどSNSで発信しているのは以下の議員だ。

三原じゅん子、和田政宗、青山繁晴、

山田宏、片山さつき、赤池誠章、国光あやの、杉田水脈の各氏である。

読者におかれては彼らを積極的にフォローし、勉強会への動員活動に入ってほしい。また他に熱意ある議員がいれば、積極的に彼らの活動を賞賛し、当選運動につなげてほしい。

自民党全体の取り組みは、安倍総理への申し訳程度に過ぎず、全くふざけきっているからだ。憲法審査会は野党の牛歩戦術を良い事に、自民党側こそが適当にお茶を濁しているとしか思えない。

「自由民主党憲法改正推進本部」サイトの「ニュース」更新状況もひどい。二〇一七年の計三十一件を最後に、二〇一八年：計七件、二〇一九年：計三件、二〇二〇年は二月十日現在に至るまで更新は一度もない。自民党憲法改正推進本部役員が組織として死力を尽くしている形跡はない。

読者におかれては、選挙区の議員に、改憲への取り組み状況を問い質し、熱意のない議員の名前をネットで公表し、改憲サボタージュ組への落選運動を組織してほしい。野党以上に自民党側の体たらくに改憲の遅れの全ての原因がある。

また日本会議を主体とした「美しい日本の憲法をつくる国民の会」も活動を続けている。櫻井よしこ氏、田久保忠衛氏、三好達《とおる》氏が共同代表であり、私も役員の末席に連なっている。

同会は、平成三十年に改憲賛成の一千万署名を達成している。会費制ではなく、継続的に「公開憲法フォーラム」を開催しており、毎回一千名以上の来場者がある。ぜひ、読者各位の地元での活動状況をネットで調べ、参加と動員をお願いしたい。

安倍氏も又、現職総理として改憲発議を主導できないという建前を乗り越え、党総裁として国民に真の憂国の叫びを届けてほしい。

そうあらばこそ、我々が護国の鬼となるのも、また今ぞ。

この時を逃せば、日本人はついに「国民」になりきらず、我が国そのものの主権は近未来喪《うしな》われるに至ろう。

「美しい日本の憲法をつくる国民の会」ホームページ
https://kenpou1000.org/

おがわ　えいたろう
一九六七年生まれ。大阪大学文学部卒業、埼玉大学大学院修了。第十八回正論新風賞を受賞。『小林秀雄の後の二十一章』『約束の日——安倍晋三試論』（ともに幻冬舎）、『平成記』（青林堂）など著書多数。最近著は『フルトヴェングラーとカラヤン——クラシック音楽に未来はあるのか』（啓文社書房）。社団法人日本平和学研究所理事長。

アメリカによる〝押し付け〟憲法

真の独立国たる証
「憲法制定権力」を取り戻せ

禍々《まがまが》しき日本国憲法の「制定権力」は日本になかった——
歴史の偽造を許してはならない

岩田 温
政治学者

「存在」の起源を問う

「存在者」ではなく、「存在」それ自身を問うことの重要性を説いたのは、ドイツの哲学者、マルティン・ハイデガーだった。ハイデガーは云う。

「哲学するとは『なぜ一体、存在者があるのか、そしてむしろ無があるのではないのか?』と問うことである」(『形而上学入門』二十二頁)

ここでハイデガーがいう「存在者」とは、人間だけを指すものではない。動物や昆虫といった生物だけでもない。人間、動物、車、様々な形で「存在」する全てである。我々は個々の「存在者」、すなわち「人間とは何か」「犬とは何か」「車とは何か」について考える。しかし、そのとき我々は「存在」そのものを自明視している。ハイデガーは、個々の「存在者」を問うのではなく、「存在」そのものを問うことが「哲学」だと定義する。

ハイデガーにとって、存在の意味づけを簡単に与えてくれる宗教に基いた「宗教哲学」などというものは存在しない。「存在」の根源を問うのが

「哲学」だから、「存在」の意義を予《あらかじ》め定めてしまう立場に立てば、「哲学」をすることはできないことになる。

例えば、キリスト教では「原始に神天地を創造《つく》りたまえり」云々との聖書の字句こそが、全ての「存在者」の「存在」の根拠とされている。キリスト教を熱心に信仰する人にとって、「存在」とは自明の事実である。

だから、ハイデガーは云うのだ。

「われわれの問いの中で真に問われていることは、信仰にとっては愚かなことである。この愚かなことの中にこそ哲学は成立する。『キリスト教的哲学』などというものは木製の鉄のようなものであり、誤解である」（前掲書、二十二頁）

ハイデガーは「愚かなこと」というが、彼が実際に哲学を「愚かなこと」だと考えているとは思えない。彼は「存在」を問うことなく全ての「存在者」の根拠を「神」に負うキリスト教を揶揄《やゆ》しているのだ。

このハイデガーの「存在」についての問いかけは「憲法」を考える際の導きの糸となる。

多くの憲法学者たちは、憲法の存在を自明視した上で議論を展開する。所与の憲法を解釈することが憲法学者の任務と心得ているのであろう。あたかもキリスト教者たちが「存在」そのものの根源を問わなかったように、「憲法」の存在そのものの根源を問わずに議論を進めているように思われてならない。とりわけ戦後の日本では、日本国憲法が絶対視され、日本国憲法をいかに解釈するのかのみに議論が終始しがちであった。

日本国憲法を自明視する人々は、この憲法がいかに憲法となったのか、この憲法の存在そのものの根源には何があったのかを見ようとしない。

ここで我々は、二つの問いについて考えることにしてみたい。

第一の問いは、普遍的な問いだ。憲法とはいかに憲法となり得るのか、こそが問われるべきであろう。

そして第二の問いは、特殊的な問いだ。日本国憲法はいかに憲法となったのか、という問いだ。

憲法は如何に憲法たり得るのか。

この根源的な問いかけに正面から真剣に取り組んだのが、ドイツの哲学者、カール・シュミットだった。彼はハイデガーが「存在」そのものについて考察したように、憲法の「存在」そのものの根源を問うた。

シュミットは、憲法を憲法たらしめる根源的な力を「憲法制定権力」と名づけた。彼にとって重要なのはそれぞれに存在する憲法ではなく、それぞれの憲法を憲法たらしめている「憲法制定権力」であった。

　シュミットは「憲法制定権力」について、次のように定義づけている。

「憲法制定権力は政治的意思であり、この意思の力または権威により、自己の政治的実存の態様と形式について具体的な全体決定を下すことができる、すなわち政治的統一体の実存を全体として決定することができるのである」（『憲法論』九十八頁）

　憲法制定権力とは政治的意思であり、政治的統一体、いわば国家のあり方を決定する力を意味している。

神こそが法の起源

　ここで直ちに問わねばならないのは、憲法制定権力を束縛するものは存在するのか、否か、という問いだ。すなわち、政治的意思としての憲法制定権力は、何ものか上位の規範に縛られるのか、それとも、何ものにも縛られざる全くの自由な政治的意思なのか、という点が重要になる。なぜなら、かりに憲法制定権力を束縛する規範が存在するとすれば、憲法の根源を憲法制定権力と呼ぶことは不適切だということになるからだ。憲法を憲法たらしめているものは、憲法制定権力を束縛する上位の規範ということになるであろう。

　簡単に図示すれば次のような略図を描けよう。

憲法←憲法制定権力←X

　ここでいう「X」が存在するのか、否かが重要な問いになってくる。

　こうした問いに対するシュミットの答えは鮮やかだ。

「憲法は、内容が正当であるために妥当するところの規範に基礎を置くのではない。憲法は、自己の存在の態度と形式についての、政治的存在から出てくる政治的決定に基づいている。『意思』という言葉は――規範的または抽象的な正当性に依存するようなものでは全くなく――妥当根拠として本質的に実存するものをいい表す」（前掲書、九十九頁）

　言い方が複雑だが、シュミットの言わんとするところは明らかだ。憲法は内容が正当であったり適切であったりするがゆえに憲法となるのではない。ある政治的存在が「意思」し、決定することによって憲法となるというのだ。憲法の根源に存在するもの、それは「憲法制定権力」であり、それは規範に依存しない、それ自身の「政治的意思」に他ならないというのがシュミットの立場である。

シュミットの立場は明らかだが、具体的に憲法制定権力とはどのような存在を意味しているのだろうか。

シュミットから離れるが、中世以前のヨーロッパでは憲法制定権力は神だった。具体的には権力者が法を制定したが、その根底には神の存在が意識され、神こそが全ての法の源とされた。『聖書』ロマ書十三章には次の一節が存在する。

「神によらない権威はなく、存在している権威はすべて、神によって立てられたものです」

こうした神のみが持つ権威――ここではあえて憲法制定権力に限定する――を否定した出来事がフランス革命であった。フランス革命のイデオローグともいうべきシェイエスは、次のように指摘している。

「われわれに憲法が欠けているとすれば、それを創らなければならないが、その権利を有するのは国民のみである」（『第三身分とは何か』岩波文庫、九十九頁）

「国民は全てに先行して存在するのだ。国民は全ての源だ。その意思は常に適法なのだ。それは法律そのものだ。国民に先行し、その上位に位置するのは自然法のみなのだ」（前掲書、百五頁）

先立つ自然権

シェイエスが国民に先行し、その上位に位置するとしている「自然法」について、ごく簡単に説明しておこう。

「自然法」とは、ギリシア・ローマ以来の西洋の伝統的概念で、人間のつくる法に先行する神によって定められたとされる概念だ。

我々は、目の前の法を「悪法」と感じる瞬間がある。人間の定める法は必ずしも正義と一致しないときがある。そのときに、目の前の「悪法」を不正義であると断ずる根拠こそが「自然法」に他ならない。

西洋においては、この自然法の概念が広く普及していた。それゆえに、絶対王政における国王ですら、神の定めた「自然法」には従うべきであるとされていた。

こうした「自然法」の概念がシェイエスの法哲学の中にまで生き続けていた。

シェイエスの憲法制定権力についての理解は次のように図示できる。

憲法←憲法制定権力（国民）←自然法

従来、神に由来するとされた憲法、あるいは法の根拠として「国民」を位置づけたことが重要である。

いま「自然法」について、我々は西洋の伝統的概念であることを確認したが、この「自然法」には一つの大きな特徴がある。それは「自然法」の長所であり、短所でもある。

すなわち、神の定めたとされる「自然法」は、我々が確認することができないということだ。一体、我々の目の前の法が「自然法」に合致するのか、否かを検討したところで、それは各人の解釈でしかあり得ない。

目の前の法を「悪法」であると断ずる人は、その法を「自然法」から逸脱した法であると解釈している。だが、同じ法を別の人は、「自然法」に合致すると解釈することが可能である。

神が定めたとされる「自然法」は、幾多の解釈の余地を残している。万人に受け入れられた「自然法」解釈は存在していないといってよかろう。

「罰則」の存在しない「法」

また「自然法」には、もう一つの問題点がある。それは「自然法」から逸脱した人間、集団に対する「罰則」が定められていない点である。もちろん、神の定めた「自然法」に逆らえば、神によって裁かれると解釈することは可能だ。だが、こうした立場に立たない人間にとって、そうした「罰則」は無意味である。すなわち、無神論者にとって「自然法」からの逸脱は、何の問題もないこととされるであろう。また、様々な解釈がなされた場合、いずれの解釈からの「逸脱」も現世では罰せられないことになる。

「自然法」はいかなる解釈も可能であり、そのいずれの解釈においても、逸脱者に対する現世における「罰則」は存在しないということになる。「罰則」の存在しない「法」とは、十分な効力を発揮する存在であろうか。

なるほど、多くの人々が熱心に神を信じ、来世を信じる時代においては、「自然法」の概念は有効に機能すると言ってもよかろう。だが、神の存在を信じない人々が増え、来世を虚構に過ぎないと見なす人々が増えた場合、「自然法」の概念は有効に機能するとはいえない。

社会契約論で有名なホッブズは、次のように指摘している。

「諸信約は、剣をともなわなければ、語にすぎないし、人の安全を保障する強さをまったくもたない」

逸脱した場合に、処罰が下される。これが信約の要諦に他ならないと解釈するのがホッブズだ。処罰が下されない信約は「語」に過ぎない。

シェイエスはギリシア・ローマ以来の伝統を踏まえて、国民の意思が「自然法」に合致するときに、「憲法制定権力」となると説いた。だが、国民の意思が「自然法」に合致しているか、否かは誰にも判断できない。

結局のところ、国民の意思こそが憲法制定権力に他ならないという議論にたどり着くことになるだろう。

ここで再びシュミットの議論に戻ってみよう。憲法制定権力を束縛する規範は存在せず、政治的意思、決断によって憲法が制定される。これがシュミットの議論の核心だ。正義や神意が秩序をつくり出すのではない。人間の意思や決断によってのみ憲法は制定されるのだ。憲法を制定する際に必要なのは、正義でも、善悪の観念すらない。意思と決断なのだ。シュミットの指摘は、あまりに生々しい指摘というより他ないが、神なき時代の憲法論としては極めて妥当なものといえる。

「根本規範」とは何か

こうしたシュミットの指摘に対して、日本の法学者の泰斗《たいと》とされる芦部信喜は次のように反論している。

「もっとも、憲法制定権力が政治的意思だということは、直ちにそれが赤裸々な生の実力であることを是認することにはならない。制定権力は法秩序と国家権力（憲法によって作られた力）を創造する権力であるかぎり、一般の実定法規に服さないのは当然であるが、しかし、カール・シュミットのいうように『常に自然状態にある』実力として、何らかの規範的拘束をもうけず、憲法秩序の運命を自由に左右できるものとみるべきではない」（芦部信喜『憲法制定権力』東京大学出版会、三頁）

芦部は憲法制定権力を束縛するものは存在しないというシュミットの指摘を否定し、憲法を制定する際には、何らかの「規範的拘束」が憲法制定権力を拘束すると説く。

それでは、憲法制定権力を拘束する「規範的拘束」とは、いかなる存在なのだろうか。

芦部は次のように説明している。

「制憲権の規範的拘束を認めることが無意味に帰するわけではない。時代によって変転する基本原則も相互に矛盾する価値を内容とするものではなく、人間価値の尊厳という一つの中核的・普遍的な法原則に帰一する。この人間人格の自由と尊厳はもっとも根本的な法原則であり、この原則を中核とする価値・原理の総体は近代憲法の根本規範、すなわち『規範の規範』である。しかもこの根本規範は、戦後の民主主義憲法にみられるように、実定化された超実定的憲法原則、直接的通用性をもつ真の超実定法であり、単にケルゼンのような仮説的に『前提された』内容のない根本規範ではない。
　かような民主法治国家の基本価値を内容とする根本規範は、制憲権が自己の存在を主張するための基本的な前提であり、制憲権の活動を拘束する内在的な制約原理である。したがって、この根本規範をふみにじる新しい秩序の創設は、制憲権の発動ではなく、あらわな事実力による破壊であり、正当性を主張することはできない。内容上、この根本規範を侵犯する新しい憲法は、全体において、もしくは個々の規定において、非正当的と考えるべきである」（前掲書、四十二頁）

　芦部の言わんとするところは明確である。芦部は憲法制定権力、すなわち「制憲権」を拘束する規範をドイツの法学者、ケルゼンの言葉を借りて「根本規範」と名づける。ケルゼンの議論では「根本規範」は仮説的に前提とされた概念だが、芦部はケルゼンとは異なり、その内容を明確にしている。「人間人格の自由と尊厳」こそが、全ての憲法の法源であり、民主法治国家の基本価値を内容とする根本規範に反する憲法は憲法として成立し得ないというのが芦部の主張である。

　ここで疑問が生じてくる。

「この根本規範をふみにじる新しい秩序の創設は、制憲権の発動ではなく、あらわな事実力による破壊であり、正当性を主張することはできない」と芦部は断定するが、いくら芦部が自らの定めた「根本規範」に反した憲法は「正当性を主張できない」と叫んだところで、実際に地球上のどこかの国で、ある「憲法制定権力」によって芦部の「根本規範」に反する憲法が設立された際、芦部はいかなる対応をするのだろうか。

　自分自身の「根本規範」に反する憲法は憲法ではないと主張し、それらの憲法を口先で否定するのか。それとも、存在すべきではない憲法は否定されるべきだとして、何らかの暴力によってそうした憲法を否定するのだろうか。

　平和で安全な場所から芦部がいくら「存在すべきではない」と熱弁を振

るおうが、そうした憲法制定権力の憲法制定の意思や決断を止めることは現実には不可能である。

事実、イスラム国（ＩＳ）では、我々の抱く近代的な人権意識とは全く異なった法秩序が成立していた。彼らはイスラムの教えを唯一の教えと定め、神の命じたことに服従することが正義であるという法秩序を構築した。

こうした法秩序は、芦部のいう「根本規範」からは逸脱した秩序であろう。だが、現実にそうした法秩序が成立している以上、それらの政治体制をつくり上げた存在がなかったということはできない。芦部のいう「根本規範」から外れた「憲法制定権力」が憲法を制定したというのが現実だろう。

こうした芦部の態度は、日本の左派、「リベラル」を気取る知識人たちの典型例ともいえる態度だろう。彼らは現実と願望とを混同し、みずからの願望こそが現実であるかのように語るのだ。憲法制定権力に先立つ「根本規範」が存在してほしいという願望と、「根本規範」など存在していないという現実の区別がつかないのだ。願望は願望として存在すべきだ。理想や理念を忘れた現実主義はニヒリズムと径庭《けいてい》がないからだ。しかしながら、現実を現実として見つめることのできない理想は、妄想と等しい。

ここでは憲法制定権力とは政治的意思であり、決断であるというシュミットの論理を確認しておきたい。

日本国憲法と憲法制定権力

さて、憲法制定権力に関する議論が終わった現在、次に考えるべきは、我が国の日本国憲法の憲法制定権力とはいかなる存在であったのかという問題だ。直接この問題を論ずる前に、憲法制定権力という概念を理解していないがゆえの悲喜劇とでもいうべき本を紹介しよう。小西豊治『憲法「押し付け」論の幻』（講談社現代新書）という本だ。著者がここで注目しているのは、憲法学者の鈴木安蔵が中心となった憲法研究会が発表した憲法草案だ。この中で「国民主権」の思想が描き出されていることを強調する。

「憲法研究会公表案は、天皇の神聖と不可侵の特権を規定しないことによって、明治憲法の…（略）…神聖天皇観を抜け出し、国民主権を規定し『元首』天皇を削除することによって、明治憲法の…（略）…『統治権をもつ元首』天皇観からも抜け出し、…（略）…日本国憲法の象徴天皇の

原型を示した」(前掲書、八十五〜八十六頁)

明治憲法を遅れた憲法ととらえ、日本国憲法を進歩的な憲法だととらえる憲法観について批判したい誘惑にも駆られるが、とりあえずここでは彼の論理だけ抑えよう。憲法研究会の公表案のなかに「国民主権」の思想が存在し、象徴天皇の萌芽《ほうが》が存在したというのが著者の主張である。

そして小西は次のように主張しているのだ。

「日本国憲法の核心部分は、憲法研究会が生み出した日本側のオリジナルな思想である」(前掲書、十八頁)

日本人の憲法草案の中で採用された部分もあるのだから、日本国憲法を「押し付け憲法」と呼ぶことは誤りであるというのが小西の主張なのだ。

この議論の最大の誤りは、憲法制定権力について何も検討がなされていない点にある。確かに、GHQの中で憲法を起草することになるハッシーの「ハッシー文庫」に憲法研究会の草案が存在していたことは事実であり、そうした議論を参考にした可能性は否定できない。

だが、この議論の陥穽《かんせい》は、憲法制定権力が誰の手に握られていたのかという決定的に重大な問題を無視している点にある。例えば、三権分立という思想はフランスの思想家モンテスキューにその淵源《えんげん》を見出すことができる。しかし、ある国家が憲法を制定する際に、モンテスキューの三権分立を採用したからといって、この憲法は「フランス製」であるということにはならない。重要なのは、数ある草案の中で、これを憲法とすると「決定」する力なのだ。

日本国憲法前文には次のように書かれている。

「ここに主権が国民に存することを宣言し、この憲法を確定する」

これは、真っ赤な嘘と言わざるを得ない。日本国憲法が制定された当時、憲法制定権力はGHQに掌握《しようあく》されており、主権は国民の手に存在していなかった。

マッカーサーの権限

紙幅の関係で憲法制定過程について詳述する余裕はないので、ここでは論点を絞って議論を進めたい。

第一に被占領期におけるマッカーサーの地位である。一九四五年九月六日、ミズーリ号で降伏文書の調印がなされた僅《わず》か四日後に「連合国最高司令官の権限に関するマッカーサー元帥への通達」が出される。この文書の中でマッカーサーの権限が次のように明記されている。

「天皇および日本国政府の国家統治の権限は、連合国最高司令官としての貴官に従属する」

「貴官は、実力の行使を含む貴官が必要と認めるような措置をとることによって、貴官の発した命令を強制することができる」

八月十五日の敗戦によって、日本国では自由と民主主義が復活したなどという夢物語を信じる人たちもいるが、実際には、天皇、政府を超える絶対的な権限を持つ統治者が日本に存在し、「実力の行使」までもが認められていた。この巨大な権限をもつマッカーサーを束縛する存在は日本国内には皆無であった。

第二に日本側の憲法改正草案が一蹴され、GHQ案が提示されたことである。

紆余曲折を経た後、マッカーサーは幣原《しではら》喜重郎《きじゅうろう》内閣に憲法改正を命じた。このとき憲法改正問題を担当したのが松本烝治《じょうじ》大臣だった。松本は憲法学者、法制局長官等々からなる松本委員会を発足させ、憲法改正草案を作成した。松本案が公表される前に『毎日新聞』で報じられると、マッカーサーはGHQが早急に憲法草案をつくることを決意し、民政局に憲法草案の起草を命じる。

急遽つくられた草案であったため、他国の憲法をそのまま引用したような草案だった。例えば、『1945年のクリスマス』(朝日文庫)の著者としても知られるベアテ・シロタの事例である。シロタのいかがわしさについては、高尾栄司氏が渾身の力作『日本国憲法の真実』(幻冬舎)で詳述している。

シロタは憲法の十八条項の草案を、次のように書いたと主張している。

「家族は、人類社会の基礎であり、その伝統は、善きにつけ悪しきにつけ国全体に浸透する。それ故、婚姻と家族とは、法の保護をうける。(略)両性が法律的にも社会的にも平等であることは当然である」

高尾氏はこの条項がワイマール憲法の百十九条をコピーしたものだという。実際にワイマール憲法百十九条は次のように書かれている。

「婚姻は、家庭、国の維持・成長の基礎である。それ故、婚姻は憲法の特別の保護を受ける。両性の平等を基本とする」

私はこの事実を知った際、衝撃を受けた。文字通り、突貫工事のような作業で我が国の憲法の基礎となるＧＨＱ草案がつくられたのだ。

そしてさらに重要なのは、松本草案が否定され、ＧＨＱ草案が日本に提示された際、ＧＨＱがこの草案を呑まねば天皇の地位が危うい、と脅迫した点である。日本側の記録では天皇についての言及があったとされているが、日本国憲法研究の泰斗西修氏の『日本国憲法の成立経緯』（海竜社）を読むと、アメリカ側の主張は異なることがわかる。なお、西修氏のこの著作が歴史的価値のある著作である所以《ゆえん》は、実際にＧＨＱに所属し、憲法草案を起草した人々に直接インタビューがなされているからだ。

西氏がケーディスに対して、この問題を質問している。日本側の松本国務大臣は「天皇の身体を保障することができない」とホイットニー准将が発言したというが、実際にはどうだったのかという趣旨の質問だ。これに対して、ケーディスは「記憶しておりません」『私の記憶するかぎり、ＧＨＱの何人も、天皇の身体について、明示的にも黙示的にも、いかなる脅迫もしたことがありません」と述べている。

結論から言えば、真実は闇の中ということだ。しかし、圧倒的な権力を持ったマッカーサー案を呑まねば、何をされるかわからないと松本たちが不安を感じたのは事実であろう。マッカーサーが「実力」を行使する権限まで与えられた権力者であったことを忘れてはならない。

言論の自由はなかった

そして最後に重要な論点となってくるのが、ＧＨＱの徹底した検閲が存在したという事実である。すなわち、日本国民が自由に議論をした結果、この憲法が憲法として成立したというならば、日本国民も憲法制定に参画していたといってもよいだろう。しかしながら、当時の日本に言論の自由はなかった。自由な議論が禁じられている中で、日本国憲法が制定されたのである。

ＧＨＱで検閲作業に従事していた甲斐弦は次のように述懐している。

「新憲法第二十一条を読むたびに私は苦笑を禁じ得ない。

『検閲は、これをしてはならない。通信の秘密は、これを侵してはならない』

何というしらじらしい言葉だろう。言論及び思想の自由を謳ったポツダム宣言にも違反し、ＧＨＱ自身の手に成る新憲法にも抵触するこのような検閲が、憲法公布後もなお数年間にわたって実践されていたのである」（『GHQ検閲官』葦書房、百二十頁）

この検閲の対象となっていた一つがGHQ、アメリカが日本国憲法の制定に関与したことに触れることだった。GHQによる検閲の実態を調査した先駆者である江藤淳の『閉《とざ》された言語空間』（文藝春秋）には「削除または掲載発行禁止の対象となるもの」が紹介されている。

「SCAP——連合国軍最高司令官（司令部）に対する批判」

「SCAPが憲法を起草したことに対する批判

日本の新憲法起草に当ってSCAPが果した役割についての一切の言及、あるいは憲法起草に当ってSCAPが果した役割に対する一切の批判」

「検閲制度への言及

出版、映画、新聞、雑誌の検閲が行われていることに関する直接間接の言及がこれに相当する」

他にも重要なものがあるが、ここではこの三点のみの紹介にとどめる。そもそも検閲を行い、支配している以上、GHQに対する一切の批判が許されなかったというのは誰もが想像がつく。しかし、興味深いのは憲法について「批判」のみならず「SCAPが果した役割についての一切の言及」が許されなかったという点だ。これはGHQ草案に対する批判ではなく、肯定的な言及も禁じられていたということを意味する。

実際に、私が国会図書館のプランゲ文庫で検閲されたものを調査してみると、次のような内容が削除されていた。昭和二十一年十一月一日に検閲が行われた資料である。プランゲ文庫を調べる際には、まずGHQに提出され、実際に黒塗りで検閲を受けた資料を読む。次に英文で何故、この文章が削除されたのかの説明がなされている資料を読む。そして、実際に市販された検閲後の資料で黒塗りがなくなり、まるで検閲など何もなかったかのような資料を読む。つまり、我々は日本人の議論で削除された部分を知るためには英文の資料に当らなければならないのである。はじめて資料を調査したとき、「言葉を失うとはこういう状況なのか」と驚いたことを覚えている。

真の独立のために

一部分が削除されていたのは、『改造』に発表された論考だ。このとき「各政党は何をしたか」という特集記事が組まれ、中村哲という人物が「各党と憲法論議」という一文を寄せている。中村は「制憲者は誰か」との小見出しの文章で、日本国憲法の制憲者が誰なのかが曖昧だと批判している。中村は明らかに明治憲法を否定し、より民主的な憲法を求めるべきだとの主張を展開する。連合国、占領軍を否定するのではなく、むしろ日本の為政者たちを批判しているのだが、この中で次の部分が削除されている。

「(少なくとも英文版の前文では)その制定権者が人民であることを明記しているが」

　中村は憲法に人民主権と書くべきだという主張を展開する中で、日本国憲法の英語版の方が優れていると説いている。これは保守的な考え方でも国粋的な考え方でもなく、寧《むし》ろ非常に左派色の強い論考だ。しかし、憲法の「英文版」が存在していたことを記したことによって部分的に削除を命じられたのである。

　アメリカは何としてもこの憲法が日本人がつくった憲法であると錯誤させるために、徹底的な検閲を駆使していたというのが歴史の真実である。検閲をしていることを示唆する内容まで検閲の対象になっていたということは、彼らが何か後ろ暗い部分があったことを思わせる。確かに、民主主義国家で言論の自由を与えたというアメリカ自体が、戦前の日本における検閲以上に徹底した検閲をしていたのだから、誰がどのように考えても矛盾しているはずだ。

　日本国憲法に関する憲法制定権力とはアメリカであり、より正確に言うならば、マッカーサーであったということになる。

　他国に憲法制定権力を奪われていた時期につくられた憲法が、あたかも日本人の手によってつくられた憲法であるなど、歴史の偽造、捏造《ねつぞう》以外のなにものでもない。政治的状況を考えれば、現実的にこの憲法を根底から変革することは難しいだろう。しかし、多少の憲法改正を行ったところで、この禍々《まがまが》しい日本国憲法の憲法制定権力の保持者がマッカーサーであったという事実は否定できないのである。

　憲法制定権力を取り戻すことが、真の独立国の証なのである。

いわた　あつし
一九八三年生まれ。大和大学専任講師。早稲田大学政治経済学部政治学科在学中に『日本人の歴史哲学』(展転社)を出版。早稲田大学大学院政治学研究科修士課程修了。著書は『平和の敵 偽りの立憲主義』(並木書房)、『「リベラル」という病 奇怪すぎる日本型反知性主義』(彩図社)など。最新刊は『偽善者の見破り方』(イースト・プレス)。

アメリカによる〝押し付け〟憲法

日本よ、憲法改正で強くなれ

平和を守るためには「戦争ができる国」になる必要がある

ケント・ギルバート
カリフォルニア州弁護士

アメリカの本音

アメリカ人が最も嫌うものは何か。それは「不公平（Unfair）」です。独立宣言に「平等」の概念が謳《うた》われる国なので、当然かもしれません。同時にキリスト教の背景もあり、人

助けすることをアメリカ人は美徳だと考えています。助けた相手に期待するのは感謝だけです。しかし、感謝もされず善意を利用されていると思った場合、アメリカ人は許しません。「不公平」だからです。

二〇一六年の大統領選で、トランプ氏は「日本は何百万台もの自動車を

アメリカに輸出している」と日米貿易に不満を漏らしました。それでも先日、ようやく日米貿易協定が調印された。日本が輸出する倍以上の日本車がアメリカで生産されていることなど、安倍政権は時間をかけてトランプ政権を説得したのでしょう。安倍首相との緊密な個人的関係もあって、トランプ大統領は対日認識を改めています。

二〇一九年五月、私は『Ｗ・ｉＬＬ』

平和安全法制に反対するため、国会前で行われたデモ行進（写真提供：Avalon/時事通信フォト）

誌上で安倍首相と対談しました。安倍首相は、「モノの輸出では日本が有利だが、サービス部門ではアメリカが有利だから、合算するとバランスが取れている」「双方がウィンウィンになるように、両国の国益に資する形で交渉をまとめることができる」と話してくれました。フタを開けてみると、その通りになった。

日本の野党やメディアは、貿易交渉で日本が大幅に譲歩するのではないかと疑っていました。今となれば、「ゲスの勘繰り」にすぎなかったことがわかります（笑）。

ただ、安全保障面では依然として、アメリカは日本に「不公平」を感じています。

選挙期間中、トランプ氏は日米安保の片務性に不満を漏らしました。「在日米軍の費用を日本が全額負担すべきだ」と主張し、「そうでなければ日米安保は破棄、日本は核兵器でも作って自分の国は自分で守ればいい」とまで言い放った。もちろん、日本の核武装は現実的ではありませんし、アメリカも許さないでしょう。しかし、日本にもっと責任意識を持ってほしいというのがアメリカの本音なのです。

日米安保は、ソ連（今は中国、北朝鮮）の脅威から日本を守るため、あるいは緩衝地帯を構築するために結ばれたものです。戦後、アメリカはお金と人材を供給して日本の面倒を見ていました。それから約七十年、日本は世界第三位の経済大国にまで上り詰めた。にもかかわらず、いまだに安全保障ではアメリカにおんぶにだっこ。

トランプ大統領が「不公平」と思う

のも無理はないのです。

幼稚園児でもわかること

国民の生命を守ろうとしない国家に、存在意義はありません。政府は国民を保護する義務があり、国民保護のためには軍隊が必要不可欠。それは有史以来、人類の常識となっています。だから世界中の国々は軍隊を持ち、日々訓練を重ねている。

敵がこちらを殺すつもりで攻撃してきた場合、敵を殺すつもりで反撃しなければ一方的に殺されてしまうか、投降するほかありません。投降すれば、国民は虐《しいた》げられ奴隷のような生活を強いられることになります。

ケント・ギルバート
1952年、米国アイダホ州生まれ。70年にブリガムヤング大学に入学し、七一年にモルモン宣教師として初来日。80年、同大学大学院を修了し、法務博士号・経営学修士号を取得。その後、国際法律事務所に就職し、法律コンサルタントとして再び来日。タレントとして『世界まるごとHOWマッチ』などの番組に出演する。『儒教に支配された中国人と韓国人の悲劇』（講談社）など著書多数。

日本には、「殺すくらいなら殺されよう」などと能天気なことを言う人たちが多い。しかし、このスローガンを日本国内に広めることで、大衆を「非戦派」と「主戦論」に分断することができます。日本の抵抗力を弱めようと目論む、敵国のプロパガンダにほかなりません。このような言葉を口にする人が身近にいたら、敵国のスパイか協力者、もしくは「世間知らずのお人よし」と思って間違いないでしょう。

戦後の日本を守ってきたのは、憲法九条ではありません。自衛隊と在日米軍という軍事力が、国民と領土をソ連や中国、北朝鮮という敵国の侵略から守ってきたのです。平和を愛し戦争を憎むからこそ、敵より強くなって抑止力を持つ。これは毎日、小さなケンカが絶えない幼稚園児の方が実感しているはずです。小さな子どもでもわかることなのに、「知識人」たちは理屈をこねて平和主義を唱えている。これほど恥ずかしいことはありません。

日本は「敗戦国」という殻に閉じ込められ、軍事や安全保障を真剣に考える機会を与えられませんでした。これはGHQをはじめとする連合国の責任です。日本は日米同盟を選び、安全保障をアメリカに委ねました。その選択は、冷戦期には間違っていませんでした。ところが、副作用はあまりにも大きかった。長年にわたるアメリカ依存が続いたことで、日本人はすっかり「平和ボケ」という病気に罹《かか》ってしまったのです。

「平和ボケ」を治療するためには、学校では決して教えないことを勉強するしかありません。戦後、日本の小中学校は「軍隊＝悪」という虚偽を刷り込む洗脳施設と化しました。多くの日本人はその虚偽に洗脳され、思考停止したまま今に至ります。

「戦争のできる国」のどこが悪い

二〇一五年、集団的自衛権を部分的に認める「平和安全法制」が成立しました。そのときよく耳にしたのは、日本が「戦争のできる国になる」という声です。朝日新聞をはじめとするメディアも、この論調に乗って安倍政権を批判していました。このような風説を流していたのは、いったいどこの国の人たちなのでしょうか。

そもそも、日本を取り巻く東アジアの国々は、すべて「戦争ができる国」です。中国やロシア、北朝鮮はもちろん、韓国も自前の軍隊を持って徴兵制を敷いています。

日本を「戦争のできない国」にした張本人はアメリカです。しかし、その最大の理由は、強い日本と二度と戦争をしたくなかったから。日本人は好戦的な民族で、千年前から軍事政権が支配する残虐非道な国だというプロパガンダを、アメリカ政府や大半のアメリカ国民は信じていました。しかし、七年弱にわたり日本を占領したGHQは、日本人がそのような民族ではないと実感した。

さらに、ソ連の影響下で共産主義化する中国大陸と、韓国に武力で攻め入る北朝鮮を目の当たりにします。アジア地域で領土拡大の野心を抱くのは、いつの時代もロシアと中国であり日本ではない。日本が戦ってきた日清・日露戦争、そして大東亜戦争は「侵略」でなく「自衛」が目的だったことを理解したのです。

トランプ政権は、日本が再び「戦争ができる国」になることを望んでいます。日本が武力で国境線を変更しようと企《たくら》む国々を牽制することで、アジアの平和が守られるからです。

裏を返せば、強い日本の復活は、中国やロシア、北朝鮮や韓国にとって不都合なわけです。近隣四カ国と、それらの国と親交が深い小国を除けば、世界中の国々が日本の憲法改正を待っている。中国の侵略から諸国を守ることができるのは、アジア最大の自由主義国である日本の「義務」といえます。

『世界は強い日本を望んでいる』（ワニブックス）

例えば、町内会に掃除当番があったとします。あなたの番が回ってきたとき、「ウチは家訓で掃除を禁止されている」と断ることができるでしょうか。そのような自分勝手は許されませんし、まともな日本人ならきちんと掃除当番をこなすはずです。

「和」を重視する日本人は、集団のルールを守らない人間を嫌います。ところが日本という国自身が、十分な能力があるのに義務を果たしていません。戦争で焼け野原になった日本は、周囲の掃除どころではなかったので当番を免除されていたにすぎない。しかしここへきて、当番を肩代わりしてきたアメリカが「いい加減に自分でやってよ！」と催促しているのです。日本が東アジアの掃除当番を引き受ける時が来ています。

安倍首相は、日本が果たすべき責任と義務に気付いているはずです。だからこそ「自由で開かれたインド・太平洋構想」を提唱し、自由主義国家による対中包囲網を敷こうとしている。「セキュリティダイアモンド構想」、すなわち日本・アメリカ・オーストラリア・インドの間で構築する新しい安全保障構想は、アジア地域でますます重視されていくでしょう。

中国と韓国を知らないアメリカ人

北朝鮮にすり寄っている韓国の文

在寅大統領を、世界は冷めた目で見ています。トランプ政権も例外ではありません。文大統領との会談が数分間の「立ち話」で終わることもしばしばです。

大半のアメリカ人は、良くも悪くも韓国という国を気に留めていません。そもそも、国の存在自体を知らないのです。中国ですら、トランプ政権下で「アメリカに立ちはだかる危険な国」であることを認識した人たちも少なくありません。一般のアメリカ人は、ハワイより西にある国のことに関心がないのです。

ところが、日本だけはよく知っています。なにしろ、かつては最大の敵国でありながら、現在では最重要同盟国になった「不思議な国」だからです。

日本では「西側諸国」という言葉がありますが、アメリカでは「United States, Europe, and Japan」と呼びます。直訳すれば、「アメリカ、ヨーロッパ、そして日本」。自分たちを表現する言葉に「日本」という国が入っている。そんな仲間意識もあって、アメリカ人は日本に興味があるのです。

トランプ大統領当選直後、安倍首相はニューヨークのトランプタワーを訪れ会談を行いました。メディアはその様子を、「ご主人様にしっぽを振る犬のようだ」と揶揄《やゆ》した。しかし真相は逆、つまりアメリカが安倍首相を最初の会談相手に選んだとされています。

なぜか――アメリカにとって、信頼できるアジアのリーダーは安倍首相しかいないからです。プーチンでも文在寅でもなく、ましてや習近平や金正恩なわけがありません。だからこそ、トランプ陣営の側近たちは選挙戦の忙しい合間を縫《ぬ》って来日し、会談の下準備をしていたのです。

「平和ボケ」から脱却せよ

一九五五年、「自主憲法の制定」のために保守合同で結党されたのが自民党です。ところが、いまだに憲法改正の発議すらされたことがありません。野党の体たらくに安心しきって真の国防議論を避けてきた自民党にも、大きな責任があると言わざるを得ません。

しかし参院選後、ようやく自民党が重い腰を上げようとしています。十月四日の所信表明演説で、安倍首相が憲法改正は「国民への責任」と明言しました。二階幹事長や岸田政調会長ら自民党幹部も、全国各地で集会を開き、改憲論議を活発化させることに積極的な姿勢を見せています。歓迎すべき動きではありますが、国民投票へ向けていくつかアドバイスをしたいと思います。

まず、自民党の国会議員は各選挙区で地方議員と協力し、憲法改正の必要性を訴えるキャラバンを行うべきです。山本太郎氏の「れいわ新選組」を見習って、草の根運動を保守が実行すればいいでしょう。

トランプ大統領は選挙戦で、航空機の格納庫など大きな空間を確保し、たくさんの人々に持論を訴えました。日本の政治家も、このような勉強会を開くべきです。政治資金パーティーで支持者を前に語っても、国民を動かすほどのエネルギーにはならないのです。

メディアからのバッシングを恐れてはいけません。バッシングすればするほど話題になり、国民が憲法について知るチャンスが増えます。平和安全法制のときと同じで、どうせ「戦争になる」「徴兵制になる」という的外れな批判しかできないでしょうから、かえって好都合。メディアの化けの皮もはがれていくに違いありません。

アメリカでは、家庭でも政治について当たり前のように議論を交わします。親子が現政権の政策について意見をぶつけ合うのはよく見る光景です。一方で日本社会では、政治・宗教・野球の話をすべきでないといわれます。日本中で憲法改正の機運が高まれば、この状況も変わっていくでしょう。

政治に関心を持つのは当たり前のことですし、常識を疑って自らの頭で国の将来を考えることは「右傾化」ではありません。私はこれを「正常化」と呼んでいます。

「よくわからないから」という理由でとりあえず反対する日本人は多い。しかし、それは民主主義国家の「主権者」として無責任ではないでしょうか。何もわからないなら、新しい知識を素直に学べばいいのです。

七十年前、アメリカ人が日本国憲法の草案を書いてしまった。私は、その歴史に罪悪感を覚えています。だからこそ〝普通〟の在日アメリカ人という立場から、日本人が「平和ボケ」から脱却するために情報発信を続けているのです。

しかし、憲法改正するかしないかを決めるのは日本国民にほかなりません。皆さんが賢明な判断を下すことを期待します。

（『W・iLL』二〇一九年十二月号初出）

「憲法廃棄」こそ日本再興の早道

西部 邁
評論家

矮小化された憲法論議

　与党・自民党は憲法改正手続き条項を定めた第九十六条の変更を提案しています。それに関しては、野党をはじめとして与党の公明党を含めた左翼の流れを汲む者たちが言う「憲法改正をするのなら改正内容も議論しなければならない。改正に自信があるのならば、三分の二の賛同を得てやってみせようと大きく構えるのが本筋ではないか」という言い分が説得力を持つことはたしかです。

　しかしながら、安倍政権の姿勢も弁護できないわけではありません。その意味は、この世の中がもし平穏ならば、憲法改正には慎重がうえにも慎重を重ねなければならないという主張は分かりますが、二十世紀後半から今世紀にかけて日本を取り巻く国際情勢も含め、世の中が急速に激変してきているのです。

　したがって、六十六年前、敗戦の硝煙の臭いがまだ色濃く漂っているときにアメリカ占領軍の草案に基づく形でつくられた、言ってみればどさくさまぎれにつくられた憲法を、改正することの困難な硬性《リジッド》憲法から改正しやすい軟性《フレキシブル》憲法にするためには、改正手続き条項を「過半数」の賛成に引き下げる必要があるという安倍政権の言い分も分からないではないのです。

　しかし僕が言いたいのは、憲法論議を憲法の改正手続きが是か非かという矮小化《わいしょうか》された問題に追い込んだまま、選挙の争点にしたり、マスコミ世論の対決軸とするのはいかにも因循姑息《いんじゅんこそく》だということです。

あらかじめ自分の憲法に対する根本姿勢を言っておくと、僕は改憲論者であるどころか、とうの昔から現憲法は丸ごと廃止されて結構という廃憲論者です。

僕には、憲法を考えるときに忘れられない思い出があります。憲法が制定されたのは、僕が小学校三年生の頃です。これはうろ覚えですが、授業中にある女性の先生がこんなことを言ったんです。

「さあ、民主主義の時代が来て憲法もできました。これから大事なことはみんなが議論して自分たちで決めるんですよ」と。

僕は重症のども り患者で、話すのが苦手だったこともあったんですが、教師の言葉を聞いて、子供心に「小学校三年生ごときに大事なことが何であるか、分かるわけも決めることもできるわけもない」と思ったものです。そして、あの頃から今日まで、一度たりとも僕は憲法に対して敬意を払ったことはありません。

また、憲法を巡って自責の念として思い出されるのは、二十歳の時に初めて逮捕された時のことです。あの時代は戦争中、公安警察を経験した立派な人たちが残っていて、捺印《なついん》を拒んだ僕を五、六秒、逆さずりにして指紋を押させた。その時、僕は我知らず「憲法違反だ!」と叫んでしまったんです。言った瞬間、僕はとても恥ずかしいことを口走ってしまったと後悔しました。憲法を軽蔑したまま、まともに読んだこともない自分が、憲法を盾にして官憲に逆らっている。そんな自分を何かいかがわしい存在だと思ったものです。

三つ目の思い出は、いまから二十年ぐらい前でしょうか。新宿の小さな酒場で飲んでいた僕は、「二十人かそこらのアメリカ人が集まって、六日ばかりで書き散らかした憲法草案なら、日本人の俺なら二日か三日で全部書き直せる」とほざいていた。すると翌日、『文藝春秋』の編集長から電話がかかってきて、「西部さん、是非、二日か三日で全部書いて下さい」と言われてしまった。僕は慌ててしまい、一週間ほしいと言いながらも結果的に四、五日で書きあげました。

これは自画自賛になりますが、僕が書いた「憲法草案」は、編集長の評価だけでなく、その年の文藝春秋読者賞の有力候補にノミネートされたんですって。結果はもらえず仕舞いでしたが、本当は欲しかった、オカネをね(笑)。

それはさておき、僕が言いたいのは「日本語も話せず、日本の歴史も知らず、日本人の感情も把握できないような連中に書かれた憲法はけしからん」と怒ってみせる前に、知識人やジャーナリストであれば、国家に関する己の根本感情や根本規範感覚はこういうものだと、たちどころに指し示すぐらいの気構えや自信がなければ国家についてものを言うなということです。

他方で、多くの左翼メディアや言論人はいまだに「そもそも憲法は国民が権力者を縛るものだ」と言い募っていますが、僕に言わせればそんなのは二百年ほど古い憲法観です。

たしかに民主主義が成立途上にある十九世紀前半までは、王権や貴族制が残されており、制限選挙でブルジョアが牛耳るなど、特権階級が勝手気ままに振る舞う状況があり、それに基づいて動く政府という政治権力に対して権力行使を制限するという面で憲法の役割があった。

しかしそれ以後、人類が味わったのは民主「主義」（デモクラティズム）の異常かつ過剰な繁殖でした。民衆の要求するたまさかの思いつきが世論の名で幅をきかせる時代に、「権力の行使を制限するための憲法」などと言い募るのは時代錯誤も甚だしい。

マスの気分で動く大量の人間たちが、人気主義（ポピュリズム）という形での大衆政治（マスクラシー）によって動く権力状態において「権力を制限するための憲法」などと言うのは、世論に媚びる議論でしかなく、現実を知りながら知らないふりをするとんでもない連中の言うことです。

にしべ すすむ
1939年、北海道生まれ。東京大学経済学部卒。横浜国立大学助教授、東京大学教授を経て、88年3月に辞任。83年、『経済倫理学序説』で吉野作造賞を、84年、『生まじめな戯れ』でサントリー学芸賞を受賞。他の著書に『死生論』『ニヒリズムを越えて』『戦争論』『知性の構造』『小沢一郎は背広を着たゴロツキである。』『思想の英雄たち　保守の源流をたずねて』『金銭の咄噺』『どんな左翼にもいささかも同意できない18の理由』『実存と保守』など多数。2018年、死去。

「権力制限のための憲法だ」などという言説は、それこそ大道のバナナ売りの台詞だと見なしてかまいません。

　かつて護憲論者の頭目と言われていた東大法学部教授の宮澤俊義氏が、大日本帝国憲法から日本国憲法への大いなる構造転換は「横からの革命」だと規定しました。「横」というのは太平洋の向こう、つまりアメリカから強《し》いられた革命だ、素晴らしい出来事だ、というのが宮澤氏の見解。僕は昔から、この「横からの革命」とは言い得て妙だと思ってきました。

　アメリカは大日本帝国憲法と根本的に食い違う憲法をつくったわけですから、それは急進的な大変革という意味合いでの革命と呼ばざるを得ない。この憲法の成立は上からでも下からでもありません。つまり、天皇を中心とする権力側の革命でも、左翼的に民衆の運動に基づく革命でもない。アメリカから強制、もしくは勧告された革命であることは疑いようがない。そうである以上、そろそろアメリカによる横からの革命には終止符を打つべきなのです。すなわち、日本国憲法は廃止すべきだということになります。

最大の欠陥

　実は、この問題は改正手続きとも関係があるのです。一九二〇、三〇年代にドイツの憲法学者カール・シュミットは、憲法の部分をいわゆる憲法という名の根幹部分と、憲法律という憲法と法律をつなぐ中間的な枝葉部分に分けて、後者の憲法律に関しては既存の体制のなかで改正は可能であろうが、憲法の根幹部分を変えることは考え方として現憲法を否定する革命にほかならないという概念分離を施《ほどこ》しました。

　シュミットの考え方を踏襲すれば、憲法の根幹を変えるには慎重がうえにも慎重に三分の二の議員の賛成が必要となるということになりましょう。ところが問題は、いまの憲法でどれが根幹部分で、何が枝葉部分かということが必ずしも分明ではないということが一つ。

　それ以上に、根幹部分といえば憲法前文や第一、第二、第三章あたりに書かれているはずだと考えるのが常識的ですが、最大の欠陥は、その肝心の根幹部分にアメリカ製の考え方がたっぷりと盛り込まれており、日本国家の本来の根幹と大いにズレてしまっていることです。

　日本国家の根と幹（根幹）がそもそもアメリカ製であり、しかもそれがいまや完全に腐り果てて空洞化し、祠《ほこら》状態に成り果てている。すると、「憲法の根幹は大事だから、三分の二の同意がなければ改正してはならない」などと、現憲法を後生大事に守り続けることはおかしいではないか、という安倍政権の論理がここでもまた成り立つわけです。

成る憲法を大事とせよ

　憲法改正論のもう一つの要諦《ようてい》は、憲法にはもともと二つの考え方があって、わかりやすく言えば、創られるものか、それとも成るものか、ということです。創るとは人工的、人為的、実験的に国家の在り方を設計することです。戦後の日本は明らかにこの方向できました。アメリカやロシアや中国も、基本的には日本と似た性格を帯びます。すなわち、創る憲法に基づいて国家を設計、建築するという考え方です。

　それに対して、成るものとしての憲法というのは、歴史の流れのなかで、国民たちが守るべき価値基準や規範意識といったものが、言ってみれば歴史感覚として国民のなかに半ば無自覚にせよ、除々に包蔵されていってそれを確認したもののことです。つまり、歴史のなかで醸成《じょうせい》された（成った）国民の規範意識というものを確認したものが憲法だという見方です。もう少しざっくり言うと、前者は成文憲法（written constitution）、後者は不文憲法です。

　日本の歴史を——先の敗戦など多少の屈折はありますが——連続だととらえれば、日本は後者の成る憲法を大事とすべきなのです。イギリスと同じく「書かれざる憲法」(unwritten constitution) であって一向に構いません。その意味は、国民の歴史を通じた常識（コモンセンス）が国家の根本規範であって、国家が歴史を持つ以上、その国民の歴史的な根本規範感覚が憲法のベースでなければならないということです。

　つまり、人々の家庭生活なり職場生活なり、地域生活や政府活動という暗黙のうちに定着している常識が、規範の問題にかかわって備わっていればそれで結構であって、大した能力しか持たない知識人のお節介で「お前たちの国民意識の内部はかくあるべきなんだ」などと書き認《したた》めなくてもいいわけです。

　なぜなら、それは国民の歴史的な意識だからです。国民意識の構造は現に厳として存在するんです。それは、その辺りのインテリ風情《ふぜい》が、ましてや外国人が机の上で明文化、成文化できるような薄っぺらなものではないはずなのです。

　ところが、歴史が断絶したところ

で理想の美名を被《かぶ》せられた抽象的・普遍的・一般的な理念を振り回しつつ憲法を作成する、それがアメリカ占領軍の流儀でした。

したがって、現行の成文憲法を再解釈して簡単に揺るがぬ不文の解釈を国民が共有し合う。それが憲法論議としての根本になければならないのです。

福沢諭吉は、憲法感覚のことを「通《つう》義《ぎ》」と言いました。これは非常に言い得て妙です。諭吉が生きた時代を考えると、この場合の通義とは時間的に歴史に通じる「義の感覚」とも読めるし、北海道から沖縄に至るまで各地域に通じる義であるとも解釈できます。

諭吉の言う通義こそが慣習法としての不文の憲法感覚なんだと考えると、昔の人はそのようなことが当たり前のこととして分かっていたんだなと感心します。

そう考えると、そもそも憲法学者という存在自体が実にデュービアス（疑わしい人たち）だと思うのは、憲法が国民の持つべき通義、もしくは常識だとしたら——もちろん国民の常識について学問的に考えてもいいのですが——そんなことを生涯にわたって専門にするのはいったいどういう連中なんだい、と問いたい。

その程度のことは、普通の男でも女でも老人でも若者でも、真っ当に生きていれば酒場や家庭や職場で折に触れて議論していることであって、書物をたくさん書いたり読んだりしてことさら考えるべきことではないのです。

東大法学部をはじめとして偏差値が高いとされている連中が憲法学にこだわったがゆえに、何十年か経ったら単なるノータリンになっているという例があまりにも多い。

シュミットたちの時代はまさしく革命の時代でした。戦争の時代であり、独裁が頭をもたげた時代、つまり国民の通義が根本から揺らぐ大動乱の時代です。そのような時代状況下でシュミットのような人物が出てくるのはわかりますが、戦後日本のように、六十六年も残念ながら戦争も革命も一切起こらないようなのんべんだらりとした時代に、半世紀以上も憲法学などをやっている人間の精神は、大概が生きながらにして錆《さび》ついているとみて間違いありません。

アメリカがイラクを侵略——予防的先制攻撃としての自衛にはあたらないという意味で——して、バクダッドを滅ぼした時、僕が唯一読んでいる産経新聞が嬉しそうに朝刊一面で「イラク統治はＧＨＱ方式で行われるそうだ」と書き立てました。あの時、僕は日本人として本当に恥ずかしい思いがした。GHQ方式という ことは、日本に対する占領統治を意味します。占領統治を人工的にアメリカ的な理念の下に設計、建築しようとしたのがGHQ方式です。

ところが、産経の記事が掲載された時、「日本はGHQ方式で占領統治されたふりをしていただけであって、本音ではアメリカ方式で戦後日本を復興させたいわけではない」と憤ったのは僕ぐらいしかいなかった。

厄介なのは、護憲派のみならず、いわゆる改憲派といわれている人たちのなかにも、憲法の泥沼に足をつっ込んでいるインテリ連中が山ほどいるということです。そのインテリ連中のなかには、「現憲法はアメリカの押し付け憲法だ」と批判する人たちがいますが、その論拠が弱いのは、「押し付けられた」と言いながら戦後六十六年、一箇所も改正しないとなれば、もうこれはすでに日本人の立派な慣習ではないかという護憲派の理屈が成り立ってしまうところにあります。

憲法はGHQ占領軍の占領統治法の原則だと解釈すべきものですが、しかしそれ以後、すでに六十六年改正せずに押し頂いてきたとなれば、占領統治法だから改善しようと言っても相当弱い。つまり、「押し付け憲法」論議だけでは上辺だけの議論になりがちなので、どうしても憲法の具体的内容に踏み込まざるを得ないのです。

思想的に北朝鮮と同じ

まず、憲法前文から見ていきましょう。前文がなぜかくも長々しいのか。それは人工的な設計書だからです。心情吐露、もしくは宣伝文句めいた長文の前文は社会主義諸国の憲法にみられる特徴であって、西欧諸国のはイタリアのそれが典型であるように、「仮国家首席は……以下にかかげるイタリア共和国憲法を審署する」というように、訳文でたった八十七文字の前文となっています。歴史のある国は長々と憲法の趣旨なんか書きません。

話を日本国憲法に戻すと、たとえば憲法前文第一項には「主権が国民に存する」と宣言されており、続いて国家の政治の「権威は国民に由来し、その権力は国民の代表者が行使し、その福利は国民がこれを享受する」と謳《うた》われています。この「主権が国民に存する」という文言は他に天皇条項のところで出てくるだけですが、どちらも「主権」と「国民」の定義が書かれていません。

主権に関しては人民（people）主権なのかあるいは国民（nation）主権なのかという論争が実はフランス革命のときから続いていますが、国民というのは読んで字のごとくであり、国の民ですから、国家の歴史の英知とでもいうべきものを引き受けて背負うのが国民です。そう考えると、国家の歴史のなかからいわば自生的に、自ずと成熟した形でもたらされているもの、そういうものが自由のための秩序となり、そしてその合理の前提としての良識となるというふうに考えるほかありません。

しかし、本当は「国民」の定義など書かなくてもいいのかもしれません。日本人の常識が発達していて、連続した歴史を持つ日本の国民（ネイション）が、アメリカやロシアや中国のネイションとも違うということを明確に理解していればそれでいいのです。

ところが、国民の常識における歴史感覚がますます希薄になってきていることを考えると、前文第一条の国民主権とは実は単なる左翼的な「人民主権」であり、あくまでも思想から言えば北朝鮮と同じだということを意味します。北朝鮮の正式名称は朝鮮民主主義人民共和国ですからね。

人民主権的な性格を色濃く持った現憲法においては、その価値前提というのは歴史の英知と切り離されたいわゆる人権などの普遍主義的な価値観しか盛り込まれていません。日本国憲法とは、少なくともそういう傾きの強い憲法なのです。

大問題を孕んだ天皇条項

「主権が国民に存する」という文言は、第一章の天皇条項でも出てきます。そこでは、天皇の地位は「この地位は、主権の存する国民の総意に基く」と書かれていますが、これが実は大問題を孕《はら》んでいるんです。問題は「国民の総意」とは何かということです。草案では「sovereign will」となっていますがね。

昭和天皇が崩御《ほうぎょ》されたときに、毎日新聞は自分たちで書くわけにはいかないものだから社説では訴えず、学者の投稿という名を借りて、次のように論陣とはいわないまでも論調を掲げました。

「憲法に日本国民の総意に基くと書かれているではないか、そうならば、昭和天皇がお亡くなりになる段階で、日本国民の総意をもう一度確認してみたらどうか。国民投票をやって天皇制は是か非かをやるべきだ。これが憲法第一条の意味ではないか」

僕の憲法論から言えば、「国民の総

意に基く」の「国民」とは、いま生きている日本国民だけでなく、日本の歴史上に存在した国民も含め、さらに言えば将来、日本に生まれてくるであろう未来の日本国民も（予測として）含めた意味での歴史上の総国民、すなわち、歴史を通じての、それこそ「通義」が国民の総意であって、天皇の地位はその総意に基くと考えられる。

すると、天皇条項の文章は「天皇の地位は日本の伝統の精神に基づく」という意味だと解釈できるわけです。そう考えなければ、毎年、新しい世代が生まれ、古い世代は死んでいる世の中で、仮に現在世代の総意だといったら毎年選挙して、国民投票で「今年は天皇制をいいと思いますか、悪いと思いますか」とやらなければならない。

そんな馬鹿げたことを排除するためにも、また、天皇に関する真っ当な歴史論的・文化論的解釈からして日本の伝統の精神に基くものだと解釈しなければならないわけです。

そうしなければ、次の第二条の条文「皇位は、世襲のものであつて、国会の議決した皇室典範の定めるところにより、これを継承する」と矛盾をきたすことになります。三島由紀夫さんも江藤淳さんも、第一条と第二条の間に根本的な背理《はいり》、乖離《かいり》がある、と言った。

「第一条は言ってみれば、人民主権の宣言である。それに対して第二条は、人民の意志なんかまったく無関係に世襲で決まると言っている。これは天皇主権の文章である、人民主権か天皇主権か、その第一条と第二条は大矛盾である」と。

アメリカ人は矛盾だらけの連中だったのでしょう。けどしかし、解釈問題から言えば、一条の「主権」を「伝統の精神」として考えれば、第二条の「世襲による」というのも、伝統的に世襲と決めたのだと考えれば両方とも伝統というもののなかに含まれるわけです。これで矛盾は一挙に解消されます。

「平和を愛する諸国民」とは

再び順を追って見ていくと、憲法前文第二項には、かの有名な「平和を愛する諸国民の公正と信義に信頼して、われらの安全と生存を保持しようと決意した」という文言があります。これに対しては、いわゆる反左翼の人たちが「これこそが平和主義の文言であり、覇権を競い合う世界のなかで他国の公正と信義を信頼して国を守れるか！」と言い募る。それはそのとおりなのですが、もう少し注意深く言わなければなりません。

一九五〇年代から六〇年代にかけて絶対平和主義に酔いしれていた左翼勢力は、ソ連・中国といった社会主義諸国を「平和愛好勢力」と認定していました。ところが元を正せば、憲法の作成者はアメリカ軍（ＧＨＱ）であった以上、わが憲法で平和愛好勢力と褒め称えられているのはアメリカのことであるに決まっています。

したがって、第二項を削除する理由は平和主義だからではなく、平和愛好勢力がアメリカだと見なされていることがおかしいんだということまで理解を深めたうえでの改正でなければならないのです。

続く第三項には「政治道徳の法則は、普遍的なものであり、この法則に従ふことは、自国の主権を維持し、他国と対等関係に立たうとする各国の責務であると信ずる」と書かれていますが、これも厄介な問題を孕んでいます。

たしかに、国際社会にあっても普遍的道徳が打ち立てられる場合もあり得ます。たとえば、幼児虐待や婦女子虐待をやめましょうというのは人類普遍の法則と言えなくもない。しかし、それらの普遍的道徳は抽象的にしか定義できないのです。それを具体的に規定していくのが各国における政治の営みにほかなりません。

その道徳の具体的な規定において、各国がほぼ同一の判断を下し、それゆえ何らかの具体的道徳が――たとえばジェノサイド（民族皆殺し）の禁止のように――考えられないわけでもない。しかし、各国の歴史が異なる以上、具体的道徳は国ごとに特殊的であるとみるのが、道徳をめぐる観念にも事実にも合っていると言えるのです。それが実験国家であるアメリカにはわからないのです。

そう考えれば、憲法前文は明らかにアメリカ軍による日本国家の設計趣意書、青写真であるとみなすしかありません。

憲法第九条の第二項における「非武装と不交戦」というデタラメな規定は論外と見なして、廃止するほか手はありません。

問題は、「前項の目的を達するため、陸海空軍その他の戦力は、これを保持しない。国の交戦権は、これを認めない」と謳われている第二項です。「前項の目的」つまり「侵略戦争はしない」という目的を達するために戦力はもたない、交戦はしないと。常識に基づけば、これは次の二つの解釈しか考えられません。

一つ目は、日本は野蛮な国だからたとえ自衛の戦力でも認めてしまうと、自衛を口実に他国に侵略をしかける国である。したがって戦力も交戦も認めないという解釈。二つ目は、日本人はどう考えてもアホだから自衛と侵略の区別がつかない。だから自衛用でも戦力を持たせたら酷いことをやりかねないという解釈。つまり、「日本人はアホか野蛮かその両方かのいずれかだ」というのが第二項です。こんなものを六十六年間残しているだけで民族の恥辱だと考えれば、即刻廃止するほかありません。

かつて「朝まで生テレビ！」という面白いとも珍妙ともいえる番組に出演していたとき、安全保障問題がテーマで司会の田原総一朗さんから「西部さんは自衛隊が憲法違反だと書いているではないか」と言われたので、僕はこう切り返したことがあります。「違います。僕は憲法が自衛隊に違反していると書いたんです」と。

その意味は、国民の常識として自衛隊を認めるということです。自衛隊に対して国民の七割、八割が認めているほうが大事であって、そのような国民の常識というものに憲法は違反していることのほうが問題ではないかということです。さらに言うと、軍事法廷のことを含めて独立した軍隊法に裏付けられた国防軍が必要ということになります。

狂った多数決

実は、前章の戦争放棄条項よりも憲法の根幹のそのまた根幹が、第三章「国民の権利及び義務」にあるということはほとんど議論されません。

なかでも問題は、十一、十二、十三条です。この辺りにアメリカニズム、つまり純粋近代主義的な人間観と国家観が露骨に表明されており、大問題を含んでいます。

まず問題なのが、「基本的人権」という考え方です。基本的人権の「基本」がどこで決まるか。それは「国民の多数派が切実に欲すること」が基本（ファンダメンタル）であるとされていますが、いまのデモクラシーなりポピュリズムを見ればわかるように、多数派の切実な要求はほとんど狂っているわけです。狂っている多数決でもって基本的人権の基本性を決められては困ります。

ファンダメンタリティは国民の歴史から来るのです。日本には数十、数百、数千年の歴史のなかで、自分の欲望や行動の矛盾と葛藤、そういうものを秩序づける道徳的、あるいは慣習法的なルールの流れというものがある。それを踏まえて、日本国民として守らねばならぬ道理におおよそ合っていることならば、人間には自由の可能性としての「権利」が発生する。福沢諭吉の言った「権理」ということですね。このようなことを「基本」とする、つまり歴史観に基づく「基本的国民権」と書き直すべきなんです。

さらに第十二条には、「自由や権利を乱用してはならず、公共の福祉のために利用する責任を負う」と、もっともらしいことが書かれていますが、最大の問題は、この「公共の福祉のために」という部分なんです。

あらかじめ言っておくと、次の第十三条にも「公共の福祉」という言葉が出てきますが、そこでも「公共の福祉」が何であるか一言もない。結局、ここで言っている「公共の福祉」も「国民の多数派が欲すること」なのです。すると、たとえば僕の論は憲法論についてのみならず、いつも圧倒的な少数派というよりも単独派ですから、僕の言論は「公共の福祉」に反しており、その自由を制限せよということになる。

戦後日本の醜態ここにあり

第十三条も同様です。

「すべて国民は、個人として尊重される。生命、自由及び幸福追求に対する国民の権利については、公共の福祉に反しない限り、立法その他の国政の上で、最大の尊重を必要とする」

もちろん、個人の尊重は大切です。五十年や百年前だったら断頭台にも上らせてもらえず、牢獄で拷問死していたであろう僕が七十四歳まで生き延びることができたのも、個人の尊重があったおかげです。

ところが、ここでも「公共の福祉」の定義がどこにもない。したがって民主主義の多数派が要求する限り、生命のために延命治療なり老人介護が日本人最大の問題と定められたり、自由を阻害するから国家の秘密警察によるスパイ活動も全てけしからんということになる。

公共の福祉を定義していない憲法第三章の冒頭三項に対する議論が自民党内で済まされていれば、この公共性を巡って歴史無視のあるいは実験国家として設計された戦後日本の醜態がまさにここに体現されているんだということが、もう少しは留意されたはずです。自民党はその論点に気付いていない。そのほか、捨てられて当然のアメリカニズムがこの憲法に山積なのです。九十六条の改正などに憲法論議が矮小化されているうちに、問題はますます厄介なことになっているなという気がしてなりません。

(『W・i L L』二〇一三年八月号初出)

平和憲法という「言霊信仰」

井沢元彦
作家

「必ずや名を正さん」

いまから二千五百年も昔の話である。

儒教の開祖である中国の孔子は、弟子の子路《しろ》から「政治を任されたとしたら、まず何をやるべきか？」と問われた。孔子は「必ずや名を正さん」と答えた。物事の名称を正確に呼ぶという意味である。

子路は呆れて「そんな悠長な」と言ったが、孔子は「もし物事の名称が秩序正しくなければ言葉が混乱する。言葉が混乱すれば何事もできなくなってしまう」と窘《たしな》めた。

「論語」の「子路篇」にある問答である。

儒教には様々な欠点もある。それが中国の発展を遅らせたことも事実である。しかし、不朽の名言とすべきものもある。その一つはこれだろう。

現代で言えば、罪もない一般市民を政治的目的のために虐殺したテロリストが「これは正義だ」と叫んでも、いやそれは単なる「殺人」ではないかと抗議することだ。あるいは、政治家が賄賂《わいろ》のことを政治資金などと言いくるめようとしたら、あくまで賄賂であると主張することだろう。つまり、この言葉は政治家だけでなく、ジャーナリストにとっても金言なのである。

ところが日本のジャーナリストには、このジャーナリストとして肝に銘ずべき心得をまったく理解していない人々がいる。それも昨日や今日の駆け出し記者ではない、ベテランの中のベテランであるはずの社説の論説委員にそういう人々がいるのである。

かつて安倍晋三首相が、自衛隊の名称を国防軍に改めようと提唱したことはご存じだろう。

5 総合 14版 2012年(平成24年)11月27日(火)

社説 ronsetsu@mainichi.co.jp

自民の「国防軍」

名称変更の意図を疑う

自民党の「国防軍」設置公約をめぐり、民主、自民両党が激しい応酬を繰り広げている。

自民党は、衆院選の「政権公約」で憲法改正をうたい、「国防軍の設置を規定」と宣言している。

同党は今年4月に決めた「憲法改正草案」で、戦力不保持・交戦権否認を定めた憲法第9条2項の表現を削除し、代わりに「国防軍を保持する」などの項目を設けた。自衛隊を国防軍と明記して位置付け直すのが狙いで、これを公約に盛り込んだということなのだろう。

この公約について野田佳彦首相は「名前を変えて中身が変わるのか。大陸間弾道ミサイルを飛ばす組織にするのか。意味がわからない」と批判した。これに対し、自民党の安倍晋三総裁は「憲法9条を読めば、軍は持てないという印象を持つ。詭弁を弄するのはやめるべきだ」と反論した。民主、自民両党幹部からも同様の批判や反論が相次いでいる。

自衛隊を国防軍と名称変更する積極的意義は、確かに不明だ。安倍氏は国防軍設置に合わせ、「そのための組織を作り」、武器使用基準など戦闘行動要領を定めた交戦規定（部隊行動基準）を整備すると語った。

しかし、日本の防衛戦略である専守防衛を基本に、現在の交戦規定の一層の充実が必要だというなら、国防軍に名称変更しなくても対応できる。そして、国際社会では自衛隊はすでに軍隊と認識されている。

1954年に設置された自衛隊は、侵略戦争の経験を踏まえてあえて「軍」の表現を避けて名付けられた。「軍」の復活はかつて日本が侵略したアジア諸国に、よけいな反発を呼び起こしかねない。

名称変更には、その先に、他国並みの軍隊に衣替えしようという意図があるのかもしれない。日本は今、自衛権行使についても限定的に解釈している。もし、改憲による国防軍設置によって、専守防衛の原則を取り払い、自衛隊の攻撃能力を向上させることを目指しているとすれば、重大な戦略・政策の変更となる。

こうした疑念が湧くのも、安倍氏が自民党「タカ派」の代表格と見られているからである。

国防軍構想には他の党からも批判が出ている。自民党が選挙の支援を受け、衆院選後の連立相手に想定している公明党の山口那津男代表は「定着している自衛隊という名称を変える必要はない」と述べた。日本維新の会の橋下徹代表代行も「（自衛隊の）名前を変えるのは反対だ」と語った。

かつて自民党は「自衛軍」を提唱したことがある。「軍」に執着があるようだ。今回の安倍氏らの正確な意図は不明だが、単純な名称変更なら、それこそ必要ない。

社説 Editorials

総選挙 国防軍構想

自衛隊でなぜ悪い

自民党が政権公約で、憲法を改正して自衛隊を「国防軍」に位置づけると明記した。

安倍総裁は「外に向かって軍隊、内に向かって自衛隊。こんな詭弁はやめようというのが自民党だ」という。

日本の安全保障政策の根幹に関わる問題であり、強い危惧を感じざるを得ない。

国防軍構想は自民党の4月の憲法改正案に盛り込まれた。

自民党作成のQ&Aによると、改正案では、①集団的自衛権行使に関する憲法上の制約をはずす②国際平和活動における武力行使を可能にする③軍法会議である「軍事審判所」も置く、などとしている。

単なる名称の変更にとどまらず、「普通の軍隊」に近づけたいということだろう。

だが、自衛隊は憲法9条の平和主義に基づき、専守防衛に徹し、海外での武力行使を禁じるなど、制約された実力組織として内外に広く認知されている。

この制約を取り払えば、国際社会、とりわけ周辺諸国に「軍の復活」と受けとめられ、不信感を抱かせかねない。

さらに、現在の自衛隊のままで、なぜ期待される役割が果たせないのかも疑問だ。

有事対応や抑止力としての機能はもとより、災害救助などを通じて自衛隊は国民の信頼を得ている。東日本大震災での献身的な活動は記憶に新しい。

国連の平和維持活動（PKO）にも積極的に参加し、その仕事ぶりは各国から高く評価されている。

それを、なぜ変える必要があるのか。

折しも、尖閣諸島や竹島をめぐり、中国や韓国との関係が悪化した。

国防軍をめぐる論争は、タカ派でならす日本維新の会の石原代表らと強い姿勢を競い、「右」の支持層を奪い合っているようにも見える。しかし、内向きの安保論議は、中韓との関係改善には逆行する。

ここで議論を喚起して、安倍氏主導で憲法改正に道を開きたい思惑もあるのだろう。

もっとも、憲法改正の発議には衆参両院の3分の2以上の賛成が必要だ。

国防軍構想には、民主党のみならず、総選挙後に自民党と連立を組む可能性のある公明党も強く反発している。

それらを考えると、果たして現実味のある話といえるのか。

領土をめぐる対立にしろ、沖縄の基地問題にしろ、地に足をつけ、着実に取り組むべきだ。これこそ政治の第一の責任ではないか。

2012・11・20

まるで進歩のない人たちが書いている

まさに「名を正す」ということであり、安倍氏自身が「憲法九条を読めば、軍は持てないという印象を持つ。詭弁を弄《ろう》するのはやめるべきだ」と述べているように、これは政治家として人間として、まったく正しい行動である。

ところがこれに朝日、毎日などの〝大新聞〟が噛みついた。

朝日は社説「国防軍構想　自衛隊でなぜ悪い」（二〇一二年十一月二十九日）で、《単なる名称の変更にとどまらず、「普通の軍隊」に近づけたいということだろう。／だが、自衛隊は憲法9条の平和主義に基づき、専守防衛に徹し、海外での武力行使を禁じるなど、制約された実力組織として内外に広く認知されている》とし、《それを、なぜ変える必要があるのか》、そんなことよりも《領土をめぐる対立にしろ、沖縄の基地問題にしろ、地に足をつけ、着実に取り組むべきだ。これこそ政治の第一の責任ではないか》と安倍首相の姿勢を厳しく批判していた。

二千五百年間、進歩なし

お分かりだろうか、孔子の弟子と同じことを言っているのである。「名を正すだって？　そんな悠長なことよりも他にやることがあるだろう」ということだ。この人（朝日は論説委員の個人名を入れないのでこういう言い方になってしまうが）の頭の中身は二千五百年もの間、まるで進歩してないということだ（笑）。

一方、朝日と並ぶ〝大新聞〟毎日では、「自民の『国防軍』名称変更の意図を疑う」（二〇一二年十一月二十七

いざわ もとひこ
1954年、愛知県生まれ。早稲田大学法学部卒業後、TBSに入社、報道局に勤務。80年、『猿丸幻視行』で江戸川乱歩賞受賞。日本史と日本人についての評論活動を精力的に展開。代表作『逆説の日本史』は現在も連載中。

日）と題し、次のように述べている。

《自衛隊を国防軍と名称変更する積極的意義は、確かに不明》なのだそうだ。この人（毎日も論説委員の個人名は入れない、言論機関としては非常に卑怯な態度だと思う）の頭も二千五百年間、まるで進歩していない。

積極的意義は「名を正す」でいいではないか。もう一度言うが、これはジャーナリストとしてもとるべき態度なのである。

しかし、毎日は言う。

《国防軍に名称変更しなくても対応できる。そして、国際社会では自衛隊は既に軍隊と認識されている》

現場で認識されていればそれでいいのか？ 認識さえされていれば、実体と名称が違っても構わないのか？ それなら、すべての賄賂をこれは政治資金だと言いくるめることも可能ではないか？

朝日さん毎日さん（社説を書いた人が特定できないのでこう呼ばせてもらう）、新聞には将棋欄、囲碁欄があるから次のようなことをご存じだろう。将棋や囲碁の棋士は、対局の時に頭のなかで「盤をひっくり返す」ことがある。もちろん、駒あるいは石をぐちゃぐちゃにしてしまうのではなく、相手側に立って局面を見るということなのだが、自分というものを客観視するにはなかなか有効な方法である。

この問題でこれをやってみよう。

〝jieitai〟は軍隊ではない？

おそらく、朝日さんも毎日さんもアメリカの銃規制には賛成だろう。

もちろん私も賛成である。ところが、アメリカ人の友人ができた。そのアメリカ人は「家に遊びに来いよ」と誘ってくれた。そこで銃規制に賛成なあなたは、念のために確かめる。

「まさか、君の家には拳銃なんて置いてないだろうな？　それなら行かないよ」

アメリカ人は答える。

「だいじょうぶ、そんなものは一切置いてない。安心して来てくれ」

その言葉を信用して、あなたはアメリカ人の家庭に行ってみた。ところが、テーブルの上にこれ見よがしに拳銃が置いてあった。モデルガンではない本物の拳銃である。あなたは当然、抗議するだろう。

「拳銃があるじゃないか！」

それに対してアメリカ人がこう答えたら、どう思うか？

「これはkenjiyu（拳銃）なんかじゃない、handgunだ！」

たしかに、英語では拳銃のことをhandgunという。それは事実である。しかし、そうであるから拳銃ではないというのは詭弁であろう。

では、そういうことを主張するアメリカ人に対し、朝日さん毎日さん、あなたたちはどんな印象を抱くか？

言うまでもあるまい。「この大嘘つきめ」ということであろう。

さて、ひっくり返した盤をもとへ戻そうか。

では、外国人が日本人のことを「この大嘘つきめ」と思っていることは理解していただけただろう。

だってそうではないか、初めて日本を訪れようと考えた外国人が、日本とはどんな国かと日本国憲法を読んでみたとする。日本国憲法はもともと英文だから読みやすい（笑）。そこには憲法の特徴として平和主義ということが書いてある。朝日さん毎日さん、ここで条文を引用する必要はないですね？

外国人は日本という国には軍隊もなく、当然のことながら軍艦もミサイルも戦車もないと思ってやってくる。ところが、実際にはすべて存在する。あまりのことに「軍隊があるじゃないですか」と抗議すると、日本人は何と言うか。

「いえ、これはjieitai（自衛隊）であって軍隊じゃありません」

日本の自衛隊の正式名称（英文）はJapan Self-Defence Force（ＪＳＤＦ）である。直訳すれば「日本国防軍」、それ以外の何物でもない。

にもかかわらず、それは「自衛隊であって国防軍ではない」と強弁するのは「ハンドガンは拳銃ではない」と言うのと同じこと、つまり大嘘であり、そう言い続けることは大嘘つきの所業である。

戦前にもあった「言い換え」

朝日さん毎日さん、そんな国家が本当に外国から信頼されると思っているんですか？　だからこそ、二千五百年も前に孔子は「まず名を正さん」と言ったのだ。本当のことをありのままに言う。それが信頼される第一歩だからである。あなた方は、安倍首相にそんなことはするなと言っている。それはつまり、「このまま嘘をつき通せ」と言っているのと同じなのだが、そのことに気がついているのか。それがジャーナリストの言うことか。

なんですって？「自衛隊は完全な軍隊とは言えない。だから自衛隊という言葉を使うことは不正確ではない」ですって？

たしかに、自衛隊は完全な軍隊ではありません。たとえば、軍隊を的確に運用するなら普通の法律とは別に軍法というものをつくらねばならない。しかし自衛隊にはそんなものはない、だから完全な軍隊ではなく別の名称で読んでも構わない、とおっしゃるわけですか。

なるほど、一見筋の通った議論に見えます。

では、戦前の日本の帝国陸軍のことをご存じですか？

朝日さん毎日さん、日本は中国と戦争していました。ところが、いまでこそ日中戦争と呼ぶこの事態を、当時の陸軍は事変と呼んでいました。上海事変や満洲事変、そうそうノモンハン事件なんていうのもありました。要するにこれは全部、「戦争ではない」というのが彼らの言い分でした。陸軍がそう主張した理由、それは「宣戦布告していない」ということでした。

「国家として正式に宣戦布告していないから、これは戦争ではなく軍事衝突（事変）だ」ということです。たしかに法律上、厳密に言えばそうだったかもしれません。しかし、やはりこれは戦争でしょう。戦争を戦争と言わず、あれは事変あるいは事件に過ぎないと誤魔化したこと、これが日本を滅亡に導いた大きな原因の一つです。

そして朝日さん毎日さん、あなた方の大先輩たち、つまりほとんどすべての記者がこのお先棒を担ぎました。

そのうち正式にアメリカに宣戦布告をした大東亜「戦争」がはじまり、アメリカの反撃を受けて日本軍が負けはじめると、軍の指導どおり、実際は退却したのに転進と言い換え、全滅したことを玉砕などと美化して報道しました。ナチスドイツを徹底的に礼賛し、日独伊三国同盟締結に批判的だった海軍指導部を国賊のように報道したのも、朝日さん毎日さん、あなたたちの大先輩たちでした。

自己欺瞞で生きてきた戦後

「軍の圧力があったんだ。お前だってその時代に生きていればそういう報道をしただろう」

そう言われるかもしれません。たしかにそうです、人間誰しも自分の命は惜しいですからね。しかし反省ということはできるはずです。結局、朝日も毎日も軍に潰されることはなかった。つまり少数の勇気ある記者はいたかもしれないが、社としては軍の言うがままに従った、だから生き残ったというわけですね。ならば余計、反省はきちんとしなければいけない。

その反省とは、とどのつまりは、「戦争を事変などと呼んでごまかすことは許さない、宣戦布告があろうとなかろうと戦争行為には違いないではないか」ということではないのですか。

それは「軍法が整備されていようがいまいが、実質的に軍隊である以上、軍隊と呼ぶべきである」ということです。

日本は「俺たちは軍隊を持っていない平和国家だ」という自己欺瞞によって、戦後を生きてきました。それはたとえば賄賂を日常的に受け取っている政治家が、「これは政治資金だ。賄賂なんかじゃない」と自分をごまかしているのと同じことです。

もちろん、こうなったのには戦前の大いなる悲劇と、それに対する大いなる反省があることはわかります。

しかし、自分を誤魔化すことによって国を運営していくのは、まさに朝日さん毎日さん、あなたたちが批判してやまない戦前の大日本帝国と同じではありませんか。ジャーナリストは現実を直視し、国民が現実を直視するよう情報を提供していく責務があるのではありませんか？

それなのにあなた方のやっている

言霊という悪しき“宗教”から脱却しなければならない
祥伝社新書　798円（税込）

ことは、あの手この手を使って安倍首相に「嘘をつき通せ」と強要していることになるのですよ。

そのためには安倍さんの「恩師」までかつぎ出しましたね。

毎日の「教え子『安倍君』へ…」(二〇一二年十二月三日)という記事です。

これは高校時代、安倍晋三首相を教えた元成蹊高校教諭・青柳知義さんにインタビューを取って、安倍氏の政治姿勢を暗に批判したものです。

まず言っておきたいことは、これは一種の禁じ手だということです。誰でも学生時代、世話になった先生とは争いたくない。つまり、非常に反論しにくいからです。

だから安倍さんに代わって私が反論しましょう。この先生は日米安保条約に反対であった。そういう立場で高校時代の安倍さんに「かみつかれた」経験があるという。

そして、記事は現在の青柳さんについて次のように述べている。

《青柳さんは安倍氏が戦後レジーム(体制)の脱却を主張し、憲法改正や自衛隊の「国防軍」化を目指す姿勢を心配する》

護憲という欺瞞

そして、青柳さんご自身は次のようにも言っている。

《「日本の近代史を謙虚に学ぶべきです」》

大変失礼な言い方で恐縮だが、青柳先生、あなたこそ日本の近代史を謙虚に学んでいないのではありませんか？　もしも学んでいるなら、私がこの文章の前半で述べたこと、要するに「戦争を事変とごまかすような姿勢が日本を滅ぼした」ことに気づくはずです。

そしてもう一つ、あなたは「非武装中立」論についてどう思いますか？　かつてはこれを主張し、憲法改正を唱える人間を「人間のクズ」呼ばわりしていた人が大勢いたのをご存じですよね。若い記者は知らないかもしれないけれども、これは日本社会党の公式イデオロギーでもありました。

しかし、それをあらゆる手段を使って積極的に後押ししていた朝日新聞が、いまは自分のところで運営している用語解説サイト『知恵蔵』からもその言葉を追放し、まるでそんな概念自体、この世に存在しなかったように口を拭《ぬぐ》っています。これは公正な態度ですか？

そういえば、日本社会党や日教組に所属した人々の多くは「国を守るために軍隊は当然、必要である」という主張に対し、「日本の周囲は友好国ばかりだから、そんな必要はない」と強弁していました。

それゆえ「北朝鮮は日本国民を拉致している」ということを主張すると、「そんなことを言う奴は右翼で、平和の敵だ、北朝鮮は日本の友好国家だ」と居丈高に反論してきました。そうそう、かけがえのない家族を拉致された人々が、日本社会党なら朝鮮労働党と友好関係にある。なんとか問題を解決してくれないか、と土井たか子委員長（当時）に斡旋《あつせん》を依頼したところ、門前払いされたという事件もあったと聞いています。

つまり、いわゆる「護憲」を唱える人たちは、北朝鮮が友好国家ではないということを白日のもとに晒《さら》されることを恐れ、家族が誘拐されて涙を流している人々の叫びを無視したということですよ。

青柳さん、あなたにも家族がいるでしょう。護憲という欺瞞が、こういう人々たちを悲嘆のどん底に突き落としていたことをどう考えますか？　平和憲法を守るという「大義」のためなら我慢すべきなんですか？　それなら、戦前の大日本帝国とどこが違いますか。

ついでながら、その拉致問題を小泉首相（当時）と一緒に解決に導いたのは一体、誰でしたか？　安倍さんではありませんか。そのことは一言も褒めないんですね。

自衛隊員の人権は無視

ついでにもう一つ言っておきましょう。この先生は《「異質の思想や立場の違う人を大事にしてほしい」》と言っている。そのとおりだ。だから「日本国を守るためには軍隊が必要だと考える人」、あるいはその思想も大切にしていただきたい。朝日さんも毎日さんもこの先生も、大いなる差別をしていること、それに気がつくべきだ。

差別とは何か、自衛官が労働者として憲法上、何の権利も認められていないことである。いや、そもそも憲法が自衛隊すら認めていないことだ。

これは国家としても問題だ。事実上軍隊が存在するのに、その軍隊を憲法が規定しておらずコントロールしていないというのは、立憲国家として最大の問題点である。

そしてもう一つの問題は、いま述べたように日本の自衛官というのは憲法上、全く認知されていない存在であるということだ。朝日さんも毎日さんもかつての社会党も日教組も、ふた言目には人権人権という。では憲法上、自衛官の人権はまったく無視されていることをどうして放置しようとするのか？

自衛官というより軍人というべきだと私は思うけれども、世界中で国を守る兵士は尊敬される職業として認められている。それが立憲国家ならば当然、憲法に規定がある。しかし、日本国憲法にはそれがない。この点からみても憲法は改正すべきなのである。にもかかわらず、改憲に反対するということは自衛官の権利を認めないということに等しい。正に反人権活動ではないか？　こんな不正義が許されるのか。

日本国憲法下において、自衛隊は「私生児」として誕生した。しかし、親である日本国に対して正式に認知を求めるのは全く正当な要求である。そして、それを許さないということは自衛隊員の人権を認めないということである。

自衛隊法等で事実上認められているからいいではないか、というのは詭弁に過ぎない。

では、仮に日本国憲法が男女不平等を容認していたとしよう。女性が一方的に差別される状態である。しかし雇用機会均等法などで、実質的に差別は解消されたとする。では、実質的に差別が解消されれば憲法も変えなくていいのか？　そういう問題ではあるまい。

「平和憲法」という言霊信仰

では、日本人のなかにはなぜ頑なに憲法を変えまいという人々がいるのか？

それは言霊《ことだま》と言う。日本人として生まれたら、必ず意識のなかに刷り込まれる一種の迷信が作用しているからである。言霊とは簡単に言うと、「言えば起こる」ということだ。すなわち、「起こってほしくないことは言うな」ということにもなる。

三国同盟に反対していた山本五十六は、アメリカとは戦争しても勝てないといった。いや、言霊の社会では山本ですら断言はできないので「一年や二年の間は暴れてみせるが、その先は全く保証できない」といった。海軍の専門家がそう言っているのである。マスコミとしてはこれを報道し、国民の参考にすべきだった。しかし朝日も毎日もそうはしなかった。むしろ山本を国賊のように報道した。「言えば起こる」からである。

どんなに良心的な軍人でも「アメリカに負ける」と口にすることは、敗戦を招くことであり許されないことだと葬られてしまったのだ。

戦後も言霊信仰はある。「日本は平和憲法を守っていたから戦後数十年の間、平和が保たれた」というものだ。これもたとえ話にしてみよう。

ここにある銀行がある。そこの頭取が「わが銀行は戦後数十年、一度も強盗に入られなかった」と自慢したとする。たしかに立派なことだ。そこで秘訣を聞いてみると、頭取はこう答えた。

「当行には物事を絶対武力で解決しないという平和主義の社則があって、それを行員みんなが守っていたからだ」

誰もがこの頭取はおかしいと思うだろう。行内のルールをいくら行員が守ったからといえ、それが外部からの侵入に対する有効な防御にはなり得るはずがないのである。

もうお気づきだと思うが、「戦後数十年、平和憲法によって日本の平和が守られた」というのも同じことだ。毛沢東も金日成も、日本国憲法を守る義務もなければ責任もない。日本を侵略しなかったのは自衛隊があり、日米安全保障条約があったからだろう。それなのに「平和憲法という言葉が防御であった」と思うのは、まさに言霊信仰というものがあるからである。

戦前の軍隊にひどい目にあわされた経験のある人にとっては、軍隊というものを冷静な目で見られないというのは、気持ちとしてわからないわけではない。

しかしこれもたとえ話で言うなら、ここに救急車に轢《ひ》き殺されてしまった子供の母親がいたとしよう。その母親の怒りは当然である。「救急車とは本来、人を救うシステムなのに、よりによってウチの息子を殺すとは」と糾弾する権利があるし、二度とこのようなことが繰り返されないように国に要求する権利もあるだろう。しかし怒りと悲しみのあまり、「救急車なんてこの世からなくしてしまえ！」と叫んだとしたら、朝日さん毎日さん、その主張はもっともだと賛成しますか？

救急システムが国民にとって必要なように、国民を守る軍隊というのも必要不可欠なものなのである。それが国民をいじめるような本末転倒のものにならないように、そのために憲法というものがあるのだ。それが近代法治国家の原則であろう。

それでも、どうしても護憲を貫きたいのならば、いますぐ東北の被災地で額に汗している自衛隊員のところに行って、

「お前らなんか絶対に憲法でその存在を認めてやらないからな。お前らはずっと日陰の存在でいろ」

と申し渡してきたらどうか！

日本における護憲とは、いまは結局そういうことなのだから。

（『W・i・L・L』二〇一三年三月号初出）

平和は“力”で守られる

九条という岩盤に風穴を

今こそ、しっかりした国家観をもって憲法・自衛隊を見直す時が来た

櫻井よしこ
ジャーナリスト
国基研理事長

田久保忠衛
杏林大学名誉教授
国基研副理事長

国基研十年の窓から

櫻井　国家基本問題研究所も設立十年を迎えました。本当にありがとうございます。

田久保　あっという間でしたね。二〇〇七年の七月、参議院選挙で自民党は大敗。第一党から転落。安倍（晋三）首相が体調不良を理由に退陣して福田（康夫）政権に代わり、自民党政権は不安定になってしまった。その二年後、自民党は衆院選で歴史的大敗を喫して、民主党の鳩山（由紀夫）政権を誕生させてしまった。

櫻井　このままでは日本は漂流すると危機感を抱いたことを鮮明に憶えています。国家として直面している根源的問題を、きちんと研究し、提言して、国を変える力の推進力になりたいと、国基研を立ち上げましたね。

田久保　国基研は、もの言うシンクタンクということで、財政的に政府からビタ一文貰わず、篤志家の寄附と一般会員の会費ですべてをまかなっている。したがって、研究は自由で言論も自由。ただし、日本が自

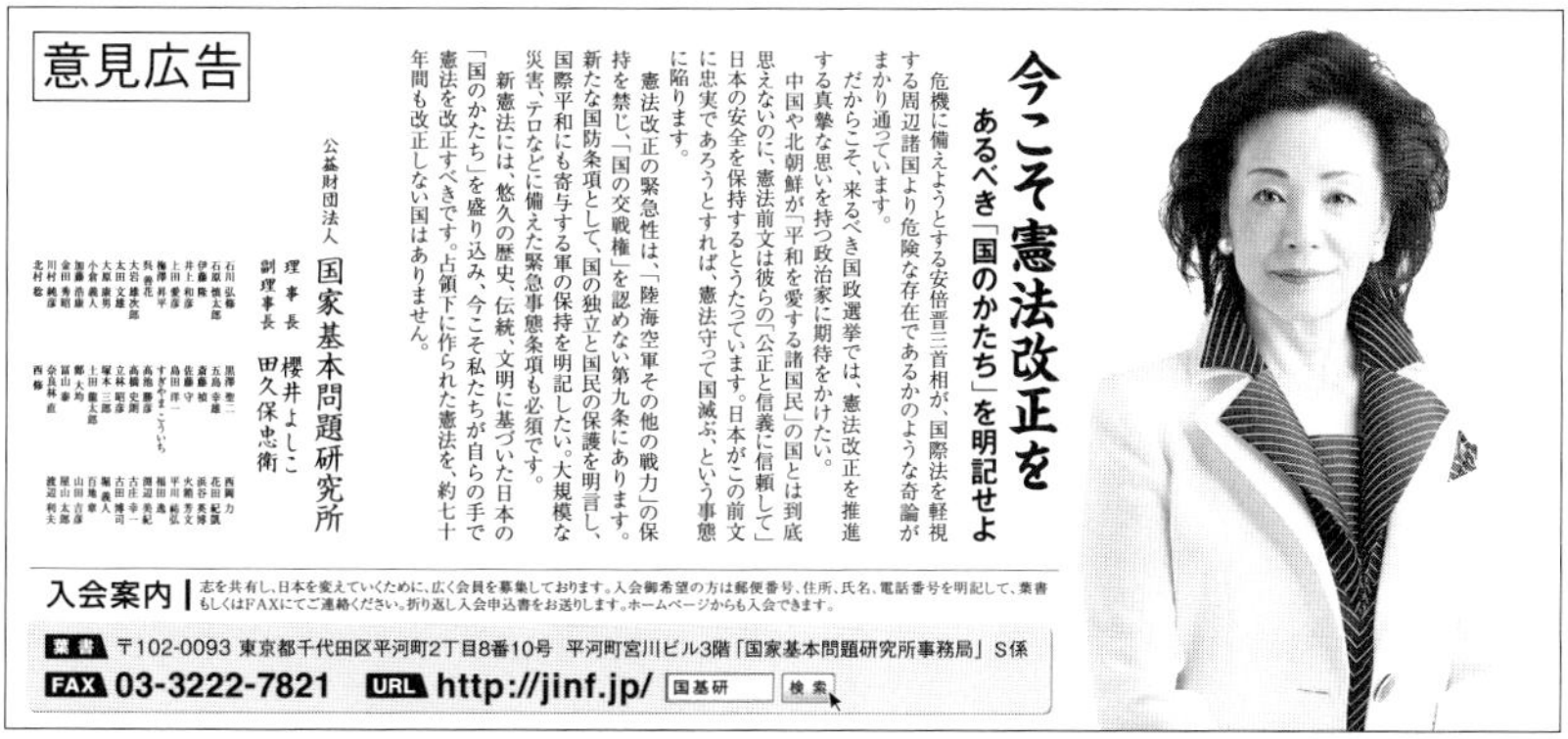

国基研の意見広告「今こそ憲法改正を」（2016年5月）

立するための憲法改正や国民に国家意識を育てる教育、自衛隊を軍隊として明確に存在させるための法律の制定など、基本的な主張についてはこの十年間、変えたことは一度もない。

　この十年に、国際情勢では大激変があったにもかかわらず、日本国内は不変。悲しいことに、それが非常にコントラストになっていますね。外部の大激変のひとつは、アメリカが内向きになったことです。われわれが国基研を打ち立てた時は、ブッシュ政権の末期でした。そのブッシュ政権の一期では、アフガニスタンとイラクで実力行使をした。この志は正しい。イラク侵攻の口実になった「大量破壊兵器」はなかったという人がいるけれど、いまシリアが反政府勢力や民間人、子どもたちを殺している毒ガスは、イラクから持ち込まれたという疑惑もある。事実なら、ブッシュ大統領の判断が正しかったことになる。

　たとえ大量破壊兵器がなくて、アメリカがイラクを攻撃したとしても、私は間違いだったとは思わない。あの時点で、世界中の新聞の社説を見ると、「いかにテロに対抗するか」「断固たる処置を取るべきだ」と全紙が訴えた。しかし、引き方が悪すぎた。長引きすぎて、お金がかかりすぎて、若者の血が流れすぎた。

櫻井　あの頃から、アメリカは地上戦闘部隊の派遣に消極的になりましたね。戦闘に参加するのは、特殊部隊、空軍、海軍です。

田久保　アメリカでも、「自分の夫（子ども、兄弟）が、海外で血を流すのはイヤよ」と、日本のお母さんが考えるようになった。これは静かな内向きの姿勢で、いわゆる孤立主義のひとつの流れになっている。その中で日本は不変、護憲でいいのですかね。

菅直人の罪

櫻井　日本では、3・11が大きな転機になったと思います。あの日の朝、民主党政権の菅直人首相は、海外から政治献金を受けたのではないかという疑惑の中で、辞任するはずだった。それが、東日本大震災のおかげで首がつながった。社会党の村山（富市）さんが首相だった時にも、阪神淡路大震災が起きました。左派の人材が首相となったけれど、村山さんの時は実質的に自民党が取り仕切った。菅さんの時は全面的に民主党が仕切った。

　二つの天災を同列に論じることはできませんが、事実を見ると3・11以降、日本の国としての基本政策が大きく揺らいでいるのを実感します。

田久保　櫻井さんも福島の被災地に何度も通われましたよね。

櫻井　福島に行く度に、菅直人政権と民主党の罪を実感します。国家がきちんとした考え方、国や民族の行く末についての基本政策を持っていないと、問題は本当に解決されないと感じます。たとえば、国の基本戦略の要《かなめ》としてのエネルギー政策をどうするのか。原発事故をどのように解決し、それを教訓として未来に活かすには何が必要なのか、誰も論理

たくぼ　ただえ
1933年、千葉県生まれ。杏林大学名誉教授。早稲田大学法学部卒業後、時事通信社に入社。ハンブルク特派員、ワシントン支局長、外信部長などを務める。92年から杏林大学で教鞭を執る。法学博士。専門は国際政治。国家基本問題研究所副理事長。美しい日本の憲法をつくる国民の会共同代表。現在、日本会議会長。著書に『戦略家ニクソン』（中公新書）、『日本国憲法と吉田茂━「護憲」が招いた日本の混迷』（自由社　加瀬英明氏との共著）、『憲法改正、最後のチャンスを逃すな！』（並木書房）など多数。

的に考えようとしない。まるで政府全体が考える能力を失ったかのようでした。

未曾有《みぞう》の災害に対処するのに国としての基本戦略もなしに、避難した人たちにかなりの額の補償金を与え続ける。決してそれは建設的でなく、住民の皆さんにもよい影響はもたらしていない。あの時の大きな教訓を学ばないと、民族として力を落としていくという危機感を抱きました。

さくらい　よしこ
ベトナム生まれ。ハワイ州立大学歴史学部卒業後、「クリスチャン・サイエンス・モニター」紙東京支局勤務、日本テレビ・ニュースキャスター等を経て、現在はフリージャーナリストとして活躍。国家基本問題研究所理事長。『エイズ犯罪　血友病患者の悲劇』(中央公論社)で大宅壮一ノンフィクション賞受賞。『日本の危機』(新潮社)など一連の言論活動で菊池寛賞受賞。第26回正論大賞受賞。近著に『一刀両断』(新潮社)、『それでも原発が必要な理由』(ワック　奈良林直氏との共著)など。

自衛隊を国軍とせよ

田久保　日本の将来に危機を感じる原因の根っこは、教育と憲法なんですよね。

櫻井　そうです。そして、3・11のもうひとつの教訓は自衛隊です。災害派遣された自衛隊員の渾身《こんしん》の活動によって、評価は飛躍的に高まりました。地下鉄サリン事件や阪神淡路大震災でも、自衛隊は日本と国民のために尽くしてくれたことを、国民は忘れてはいません。

その自衛隊が、いまだに法的にはまことにおかしな宙ぶらりんの状態に置かれています。安倍首相がようやく憲法九条に「自衛隊条項」を付け加えると提案した。矛盾を含んだというより矛盾そのものの変則的な提言ですが、議論は活発化しました。自衛隊を、正面からとらえきれてこなかった私たちは今こそ、真っ当な議論をすべきだと思います。

田久保　「国」という体には支える背

骨があって、それは「軍隊」です。世界中の国で、背骨である軍隊がないのは、モナコとかアンゴラとかごくごく一部の被保護国。それらの国は、ほかの国に守ってもらわなければならない。

　韓国でも、「大韓民国憲法」第五条に、〈国軍は国家の安全保障と国土防衛の神聖な義務を遂行することを使命とし、その政治的中立性は遵守《じゅんしゅ》される〉とあって、「神聖な義務」とまで明記されている。

　それなのに、日本の自衛隊は災害対策要員……。世界にこんな国家があるのだろうか。

櫻井　二千七百年にもなんなんとする日本の長い歴史の中で、日本自身の力で国民の命と国土を守らなくていい、という考え方が定着したのは、いまが初めてです。

国基研の意見広告「中国が日本を買い占めています」(2017年5月)

田久保　異常な事態の中でもとくに異常ですね。

櫻井　古代には、中国という強国が隣にあって、最初、日本は中華文明の中に入っていました。その後、聖徳太子が十七条の憲法をつくられ（六〇四年）、白村江《はくすきのえ》の戦い（六六三年）で倭国《わこく》・百済《くだら》連合軍は唐・新羅《しらぎ》連合軍に大敗した。それをきっかけに日本は自力をつけて自ら国を守ろうと努力する。大和文明を意識して、古事記も編纂《へんさん》した（七一二年）。日本はこうして中華文明と決別して、独自の道を歩み始めたわけです。

　敗北の中で学び、わが国を守るためにはどうしたらいいかと考え、国としての体制をきちんと整えた。元《げん》寇《こう》の際には、鎌倉から北部九州まで歩いていき、元・高麗《こうらい》連合軍の侵略から日本を守ったんです。

田久保　世界の中で、国が二千年以上の長きにわたって続いているのは日本だけ。そこで、天皇陛下は永続性と国民統合の象徴であり続けた。天皇陛下を中心にしないと、どうにもならないという事態は、権力が崩壊した時でした。

　明治維新は対外的対応ができなくなってしまった幕府に代わり、明治天皇を中心に日本を近代国家に導いた。立憲君主制の天皇で東京奠都《てんと》、征韓論争、島津久光の三条実美《さねとみ》弾劾の三例以外は廟議決定をそのまま受け容れられた。昭和天皇は二・二六事件の対応やポツダム宣言の受諾を決定されて日本の崩壊を救われた。権力が無力化した時に、日本を救済される絶妙の徳を果たされてきた。祭祀王としてのご存在は、世界にはほかに例がない。

天皇とＮＨＫ

櫻井　皇室をとりまく現状をみると、政治を超えて、日本国を統合する権威としての皇室をどうお守りするかと考える人が、少なくなっているように思えますね。

田久保　昔のように、皇室のおそばで誠心誠意仕えて、一生を捧げる人たちがいなくなっているのかもしれない。ほとんどが、各お役所からの出向ですからね。

櫻井　二〇一六年八月八日、今上陛下の「象徴としてのおつとめ」に関するお言葉も、今回の眞子さまのご婚約も、ＮＨＫがスクープした情報です。官邸は寝耳に水だったと報じられています。

田久保　それはすごくおかしいことですね。

櫻井　ＮＨＫの記者がどれだけ食い込んでいるのかは別として、とくにお言葉に関しては、なぜ今上陛下がＮＨＫを介してお気持ちを表明されたのか。複数の人は、陛下ご自身の最終的なご了承がなければ、それはできないことだったと言いますね。

田久保　いまの日本人は、歴史の中でも、とくに近過去に興味を持たなくなったようです。今日は昨日の続きだということを忘れてしまっている。いま生まれたら、これから先のことしか考えない。だから、日本が昭和でたどった歴史も考えない。国体の連続性に無関心でいいのでしょうか。

櫻井　いかに日本の歴史が継承されずに断絶しているかということですね。歴史を忘れた民族は滅びると言われますが、現在の日本人は歴史から切り離された、根っこのない人々のようにも思えます。

田久保　だから、事実無根の歴史認識を隣の国々から押しつけられる。いわゆる慰安婦問題は、朝日新聞のガセ記事が元になっていると日本国民がようやく知るようになってきましたが、誤った情報によって、南京大虐殺が世界記憶遺産として登録されてしまうこともある。

櫻井　韓国の文在寅大統領は、選挙期間中から、慰安婦問題についての日韓合意を見直すと言っていました。おそらく七月か八月になったら、文政権は、あらたな歴史認識を突きつけてくると思われます。彼らが慰安婦問題のあとに持ち出すのは徴用工問題です。映画『軍艦島』は、七月末にも封切りかといわれていますが、慰安婦問題を上まわるようなひどい内容になるようです。

田久保　相当厳しい戦いになるでしょうね。

櫻井　文大統領が、どれほど親北朝鮮で、どれほど凄まじい反日であるか。彼は、大統領選挙の最中に、自分が勝利した場合、最初に手掛けることのひとつに、親日勢力の一掃を公言していました。米軍が設置したTHAAD《サード》（終末高高度防衛ミサイル）も見直すと言いましたね。いまはアメリカの意向を受けて、直ちに手をつけることはないかもしれませんが、THAADミサイルの見直しは避けられないと思います。

世界支配を狙う中国

田久保　ますます中国の思うツボですね。

櫻井　習近平主席は二〇一六年、自分自身を中国共産党の「核心」としました。さらに、従来の七大軍区を五戦区に改編しました。全戦区で、自分の手下《てか》を中枢につけた。それは、共産党の軍である人民解放軍を、習近平の軍にすることです。二〇一七年夏の北戴河《ほくたいが》会議で、習氏に権力が集中する「核心」を了承してもらい、秋には常務委員七人のうち五人を入れ換えて、自分の子飼いの人材を重要ポストにつけようとしています。習主席の中国支配が、着々と進んでいます。

田久保　トランプ大統領が、TPPから脱退を表明したあと、習主席は北京に百数十カ国を集めて、「一帯一路」推進の大機構をつくってしまった。また、世界第二位の二酸化炭素

2017年5月、北京で開催された一帯一路会議に出席した各国首脳。中央、ご満悦の習近平主席の左隣にはプーチン大統領（写真：SPUTNIK/時事通信フォト）

排出国であるアメリカのトランプ大統領が、地球温暖化を防止するパリ協定からの離脱を決定すると、一位の中国の習主席は、地球温暖化反対のリーダーシップを取ると言っている。トランプ大統領は貿易の「保護主義者」で習近平主席は「自由貿易主義」を唱える。どうなっているのですかね。

櫻井　中国が軍事や経済で世界のリーダーシップを取るようになると、中国支配の地球時代に突き落とされるのではないかという気がするんですよ。

田久保　同感ですね。中国の思いどおりには簡単にならないでしょうが……。

櫻井　日米中の関係を歴史的に見ると、米中関係が良い時には日本が割を食い、日米関係がいい時は中国が割を食っていた。しかし、日米関係がいい時でもアメリカは背後で中国とさまざまな交流を持ち、中国の要望に応えていた。日米は、日本にとって唯一の同盟国ではありますが、そこに安住していては、とても国益を守ることはできませんね。

田久保　最近になって、安倍首相は、中国と関係を改善しようとしている。安倍首相の中国接近は、一種のリスクヘッジかもしれない。

櫻井　とはいえ、中国は生易しい国ではありません。世界で初めて宇宙軍をつくったのが中国で、量子衛星の試験機を二〇一六年八月に打ち上げて、地上と衛星との間で量子通信を始めようとしています。これが成功すると、ハッキングは不可能だそうで、ミサイル攻撃も有利になるし、世界の金融ネットワークに採用されれば金融システムを牛耳《ぎゅうじ》ることもできる。

田久保　まるで、映画『スター・ウォーズ』の悪の星＝デス・スター（笑）。

櫻井　さらに、中国が主導する国際金融機関ＡＩＩＢ（アジアインフラ投資銀行）に約八十カ国が参加するなど拡大しています。

田久保　安倍首相が、「条件付き」でＡＩＩＢへの参加を前向きに検討するのも結構だとも思います。中国が、尖閣にあんなに船を群れさせているような状態をなくそう、先方からも関係を正常化させようとの動きがある時、対応するのは当然でしょう。安倍首相にしてみれば、一種の保険をかけておいたほうがいいと感じているのでは、というのが私の忖度《そんたく》です。

安倍首相が言っていることに一〇〇％賛成ではないし、不満はある。それでも、安倍政権が誕生したことは、戦後史に生じた最大の出来事で、戦後からの脱却とか、憲法改正を正面に掲げた首相は安倍さんだけですからね。

世界の大きな変化に日本が国として本格的に対応しようとする兆しだと、私は評価しています。

日本を守る憲法を

櫻井　それなのにメディアは、日本がなさなければならない憲法改正やテロ等準備罪、国民の医療改革、福祉改革などに関して、全体像を見ない。安易なヒューマニズムに走っている。そのために、議論が歪《ゆが》んでいます。

田久保　「日本の本当の敵は誰だ」という全体像を見る発想がない。そう考えれば、安全保障をどうしようとか、自衛隊はどうあるべきかと考えるはず。

ところが、戦前に日本を軍国主義に向かわせた指導者は東條英機《ひでき》で、いまは安倍首相というように誤った短絡的な見方をする。だから、北朝鮮は怖くない、韓国は怖くない、中国は怖くない、ロシアも怖くない。怖いのは安倍首相だけで、安倍政権を倒せば日本は安全だと、そういう倒錯した考え方を抱く人が少なからずいる。最大の責任は日本人にあって、アメリカが押しつけて「日本人を悪者にした」憲法に縛られて、知識人として当たり前の考え方ができなくなってしまっている。

櫻井　まるで漫画ですね。

田久保　国基研の一大目標は憲法改

正。安倍首相の提言を受けて、憲法審査会が動き始めたのはいいけれど、憲法審査会の人事がなっていない。憲法改正をしたくない人を、あの会に入れているような感じですね。船田元《はじめ》衆議院議員（自民）が幹事ですからね。

櫻井　産経新聞社が、『別冊正論』で「一冊まるごと櫻井よしこさん。」を出したのですが、そこには、さまざまな人との対談や座談会が入っています。船田氏を含めて、座談会も収録されているのですが、船田氏の写真の掲載だけがありません。「お断りされた」と編集部が言っていましたが、憲法改正についての考え方の違いが原因かしらと、これは私の想像です。

田久保　そういう時代感覚のない人間が憲法審査会の重鎮なんだ。

（『Ｗ・ｉＬＬ』二〇一七年八月号初出）

国家基本問題研究所「趣意書」

私たちは現在の日本に言い知れぬ危機感を抱いております。緊張感と不安定の度を増す国際情勢とは裏腹に、戦後体制から脱却しようという志は揺らぎ、国民の関心はもっぱら当面の問題に偏っているように見受けられます。平成十九年夏の参議院議員選挙では、憲法改正等、国の基本的な問題が置き去りにされ、その結果は国家としての重大な欠陥を露呈するものとなりました。

日本国憲法に象徴される戦後体制はもはや国際社会の変化に対応できず、ようやく憲法改正問題が日程に上がってきました。しかし、敗戦の後遺症はあまりにも深刻で、その克服には、今なお、時間がかかると思われます。「歴史認識」問題は近隣諸国だけでなく、同盟国の米国との間にも存在します。教育は、学力低下や徳育の喪失もさることながら、その根底となるべき国家意識の欠如こそ重大な問題であります。国防を担う自衛隊は「普通の民主主義国」の軍隊と程遠いのが現状です。

「普通の民主主義国」としての条件を欠落させたまま我が国が現在に至っている原因は、政治家が見識を欠き、官僚機構が常に問題解決を先送りする陋習を変えず、その場凌ぎに終始してきたことにあります。加えて国民の意識にも問題があったものと考えられます。

私たちは、連綿とつづく日本文明を誇りとし、かつ、広い国際的視野に立って、日本の在り方を再考しようとするものです。同時に、国際情勢の大変化に対応するため、社会の各分野で機能不全に陥りつつある日本を再生していきたいと思います。

そこで国家が直面する基本問題を見詰め直そうとの見地から、国家基本問題研究所（国基研・ＪＩＮＦ）を設立いたしました。

私たちは、あらゆる点で自由な純民間の研究所として、独立自尊の国家の構築に一役買いたいと念じております。私たちはまた、日本に真のあるべき姿を取り戻し、二十一世紀の国際社会に大きく貢献したいという気概をもつものであります。

この趣旨に御賛同いただき、御理解をいただければ幸いに存じます。御協力を賜りますようお願い申し上げます。

平和は〝力〟で守られる

国民を守る憲法たれ

戦後七十五年を経た今、自民党の覚悟が試される改憲論議

和田政宗
参議院議員

急ごしらえでつくられた

憲法改正が必要なのか否か、果たして現行憲法は国家と国民を守る憲法になっているのかという視点から今回は論じてみたい。

まず、現行憲法の成り立ちを知ることは憲法を考える上で重要であるので改めて整理する。

昭和二十年、日本を占領しＧＨＱ（連合国軍総司令部）のトップに収まったダグラス・マッカーサーは、新しい憲法の作成を周囲に示唆した。その意向を受けて日本政府は動き出し、三カ月をかけて新憲法の草案をつくり上げた。

ところが、この草案はＧＨＱに拒否されたうえ、「ＧＨＱで原案をつくるから、それをもとに細部を修正して憲法をつくるべきである」という話になってしまった。そこからＧＨＱ内部で急ピッチでつくられたのが、現在の日本国憲法の原型である。

この草案づくりは慌ただしいもので、実質的な作業日数は一週間。さらに最近の研究では「実質三日でつ

くった」という説も出てきている。とにかく極めて短期間でつくり上げられたことは間違いない。

日本の新憲法の草案を大至急つくることになったGHQの民政局では、とにかく資料がなかった。そこで東京帝大をはじめ、あちこちの大学や図書館に出向き、世界各国の憲法関連の本を片っ端からかき集めた。

そして、ソビエト憲法やワイマール憲法なども参考にし、新憲法がつくられたのである。であるから、こうした憲法の条文を「コピペした」と指摘されるような内容が現行憲法にはいくつも存在する。さらに、期限が切られている中での突貫作業なので、ずいぶんアバウトな内容になった部分もあった。

例えば憲法改正については、「国会各議院の三分の二の賛成によって発議する」ということになっているが、重要な部分であるのに綿密な検討が行われたわけではないことが、西修駒澤大学名誉教授などの研究で明らかになっている。

この部分の起草にあたっていた人物が作業の片手間で、「過半数かな？三分の二かな？」と隣の席の人物に聞いたところ、「とりあえず三分の二にしといたら？」と返答があったので、そうしたのだという。西修教授など日本の学者が憲法成立の過程を研究するため当時のGHQ関係者に取材し、判明した事実である。起草にあたったメンバーにしても、大急ぎでつくった日本国憲法はあくまで「間に合わせ」という意識があったらしく、「えっ、あの憲法をまだ改正もせず使っているんですか？」と驚かれたというエピソードも残っている。

このような状況でつくられた憲法草案だったため、細かいところまでチェックする余裕がない。そのため英語で書かれた憲法草案を和訳する際に直訳風の文章になってしまったり、「てにをは」の不具合がそのまま残ることになってしまった。

このようにGHQから渡された草案に突貫作業で修正を加え、帝国議会の審議もバタバタで成立したのが、現在の日本国憲法である。

「日本とは戦争したくない」

現行憲法制定過程におけるアメリカの意図が何であったかを考えると、日本の非武装化が第一であった。私は米軍の幹部とも懇談することがあるが、食事の席で打ち解けてくると必ず聞くことがある。それは、「アメリカはどの国と戦いたくないですか?」という質問である。その答えは様々であるが、そのうち何人かは「日本」と答える。「いやいや、アメリカと日本は同盟国ではないですか」と言っても、「日本」と答える。すなわち先の大戦において、我が国の先人達が強く戦ったことは現在もアメリカ軍幹部の心に強く刻まれているのである。では、当時日本を占領したアメリカやGHQはどう考えたか。それは「もう二度と日本とは戦いたくないから、日本に武装はさせない」というものであった。では、誰が日本を守るのか。それは米軍が守るということであった。

しかし、その後、朝鮮戦争が勃発すると状況が変わる。米軍は朝鮮半島に軍を振り向けなくてはならなくなり、日本全土を守ることに労力を費やせなくなった。そこで、警察予備隊を創設させ、その後の保安隊、自衛隊となったのである。

それなら、「自衛隊となった時に、憲法改正をすれば良かったではないか」という人もいる。しかし、戦後において憲法改正勢力が衆参それぞれで三分の二を取ったのは、平成二十四年の再政権交代以降が初めてであり、それまでは憲法改正をしようにも困難な状況だったのである。

自民党の覚悟が試される

では、数的には憲法改正ができる状況下で、現行憲法が我が国や国民を守る状況になっているだろうか。

我が国は世界でも珍しい憲法の構造になっている。憲法に、軍隊(国防軍)や緊急時にどのように国を守るかが明記されていないのだ。

こうした国は日本の他には、クック諸島、ニウエ及びモナコの三カ国しかない。ニウエは南太平洋の小さな島からなる国で人口千五百二十人、クック諸島も南太平洋の島々からなる国で人口一万九千人、モナコは人口三万八千人と、いずれも国土は小さく、人口も四万人以下の国である。日本のように一定の国土と人口規模を持つ国で、憲法に軍隊も、いざという時に国を守る手段も記されていないのは日本だけなのである。

なお、よく非武装国として例示されるコスタリカやパナマも、いざという時にどう国防上対応するかについては憲法に明記されている。コスタリカ憲法には「国防のため軍隊を組織できる」とあるし、パナマ憲法には「全てのパナマ人は、国家の独立および国の領土を守るために武器を取ることが求められる」とある。

他国の領土を掠《かす》め取ろうとしたり、攻撃したいと考えたりしている国からすれば、反撃できるかどうかすらわからない憲法を持つ国は、攻撃するのにどれだけ楽か。現行憲法は、世界の憲法ではごく当たり前の部分が記されていない。これで、国土と国民を本当に守れるだろうか。

そして、憲法改正に向け国民の議論を喚起しようと考えている自民党の動きはどうなっているか。自民党は一昨年三月の党大会の前に、党の憲法改正推進本部の議論を踏まえ、四項目において憲法改正の条文イメージ（たたき台素案）を決定した。「自衛隊明記」「緊急事態」「参院選合区解消」「教育の充実」である。しかしその後は、国会の憲法審査会における議論も停滞し、具体的な条文案の提示にはなっていない。

なお、憲法改正の発議の提案、すなわち改正条文案の提出は、憲法審査会が行う提出の他に、国会法においては、一人の提出者に対し、衆議院で百人以上の賛成または参議院で五十人以上の賛成があれば、国会に提出できるとある。

であるから、それだけの議員数がある自民党が憲法改正に向けどのように行動していくのかで状況は大きく変わる。全ては自民党の覚悟にかかっているのである。憲法改正原案を提出すれば、国会の審議に正式にかけられるわけであり、採決が行われ発議されれば、国民投票となる。

さらに、現行憲法への自衛隊明記とともに、このところ注目されているのが緊急事態条項である。新型コロナウイルス対策において、憲法に緊急事態条項を創設すべきとの議論が自民党のみならず日本維新の会からも上がった。日本は憲法上、私権が広く認められており、緊急時に移動の制限措置を取ることなどが極めて困難だ。新型の病原体が次々と出てくるなか、現行憲法で果たして対応できるのか。

憲法は決して改正してはならないものではない。事実、改正の方法はまさに憲法にも明記されている。国と国民を守るためにどのような憲法がよいのか。国民的議論をしっかりと行って道筋を付けなくてはならない。

わだ　まさむね
一九七四年、東京都生まれ。一九九七年、慶應義塾大学法学部政治学科卒業後、アナウンサーとしてNHKに入局。二〇一三年、参議院議員選挙にみんなの党公認で出馬し、宮城県選挙区で初当選。現在、国土交通大臣政務官。高山正之氏との共著『こんなメディアや政党はもういらない』（ワック）のほか、『世界は日本が大スキ！』（青林堂）等著書多数。

九条は戦争の「まねき猫」

高山正之
ジャーナリスト

ケント・ギルバート
カリフォルニア州弁護士

憲法を変えてくれ。米国の四度目の要請がある今が「変え時」なのだ

ハングル神話

ケント 取材で、韓国に行ってきたんですよ。

高山 どうでした？

ケント 五月十五日にソウルに着いて、この日は世宗の誕生日、先生などに敬意を示す記念日「師匠の日」でもあったので、光化門広場の銅像に花が飾りつけられていました。

高山 世宗は、一四四六年にハングルをつくった李氏朝鮮の王サマか。

ケント ハングルは韓国人の誇りのようですが、日本で「かな」が誕生したのはいつ頃？

高山 延喜五年（九〇五年）に奏上された『古今和歌集』には、かなが使われていますから、それよりも前に生まれていたことは確かです。

ケント 日本は韓国より五百年以上も前に、独自の文字を生み出していたのですね。

そういえば、ガイドから妙なことを言われました。ちょうど世宗とハングルの話を聞いていた最中に、「われわれは、漢字を日本から押し付け

られたんだ！」って言い出して。ビックリしましたね。

だって、ハングルがつくられる前はもちろん、ハングルができた後だって、両班《ヤンバン》（朝鮮の官僚階級）は漢文を使っていたわけで、なにより、漢字は中国から入ってきたのに。

髙山　ああ、多分こういうことでしょうね。ケントさんが仰るとおり、ハングルができた後も、朝鮮では基本的に漢文が使われていました。じゃあ一体、いつハングルが、朝鮮の一般社会に出てくるのかといえば、一八八六年――。

初めてハングルを使った新聞「漢城周報」が登場してからです。ところが、この新聞を提案したのは、誰あろう日本人の井上角五郎で、ハングルの活字（写植文字）を用意したのは福沢諭吉だった。

ケント　そうなんですか！

髙山　当時、韓国にはハングルの活字さえなかった。その後の日本統治時代も、日本人はハングルと漢字の混ぜ書きを黙認しました。日本人はハングルの恩人なんです。

「漢字を日本人が押し付けた」というのは、お得意の「歴史修正主義」でしょう。おそらく、彼らは「日本統治時代にハングルを奪われた」と教えているから、そのプロパガンダを維持するためには、歴史的事実をいっさい無視するしかない。

ケント　慰安婦とまったく〝同じ手法〟ですね。当時の慰安婦は「職業」で、休みもあれば高額の報酬も得ていて、決して「性奴隷」と呼ばれるような存在ではなかったのに、日本大使館前

たかやま　まさゆき
1942年、東京生まれ。東京都立大学卒業後、産経新聞社に入社。社会部デスクを経て、テヘラン、ロサンゼルス各支局長。80年代のイラン革命やイラン・イラク戦争を現地で取材。98年より３年間、産経新聞の時事コラム「異見自在」を担当。辛口のコラムで定評がある。2001年〜07年、帝京大学教授。著書に、『アジアの解放、本当は日本軍のお陰だった！』『白い人が仕掛けた黒い罠―アジアを解放した日本兵は偉かった』、共著に『こんなメディアや政党はもういらない』（和田政宗）（以上ワック）などがある。

の銅像の英文プレートには「Sexual Slavery issue」とはっきり書いてある。

　周囲には、テントなんかを張った活動家たちの監視団までいました。

高山　呉善花さんの意見を採用して、こっちも韓国大使館の前にライダイハン（ベトナム戦争時に、韓国軍兵士によってレイプされたベトナム人女性たちが生んだ子供）の像を建てるしかないな（笑）。

恥ずかしい憲法

ケント　ちょうど今日、新しい本ができました。
高山　『米国人弁護士だから見抜けた日本国憲法の正体』（角川新書）、面白そうですね。じつは僕も、ケントさんと対談するなら憲法の話をしたいと思っていたんです。
ケント　目下の改憲論議ですか？
高山　いや、ホントに気になっているのは、ドナルド・トランプの方です。僕は、戦後の歴史の中でこれまで三度、日本国憲法（九条）を変える機会があったと考えています。提案してきたのは、いずれも米国ですね。
　一度目は毛沢東（中国共産党）に対して、日本を再武装させようとした。一九五一年一月のマッカーサーによる年頭所感。
「国際秩序を脅かす勢力を力で倒すことが日本人の責務」と日本国民に呼びかけ、米国が戦っている朝鮮戦争を日本人にやらせようとしました。
ケント　冷戦時代のいわゆる「代理戦

争」の先駆けですね。

高山　でも吉田茂は、ふざけた憲法を押し付けておいて今さら何を言うか、と拒否。米国はマッカーサーでは説得力がないからと、次に国務長官代理のジョン・ダレスを送ったけれど、吉田はそれも拒絶しました。

ケント　三度目はベトナム戦争時のニクソンかな。

高山　そうです。仏領インドシナ（ベトナム）のディエンビエンフーに立ち寄ったあと、来日したニクソンは「日本に非武装化を強いたのは米国だった。過ちを素直に認める」と言って、マッカーサー憲法の破棄を示唆しましたが、日本はこの提案にも乗らなかった。

　これも米兵の代わりに、ベトナムで戦わせたいという米国の底意《そこい》が見えていたからです。

　正直にいえば、これまで三度の機会を拒絶した日本政府の政策判断を「百％の誤り」だとは思いません。

　でも、まさに現在の二〇一七年、中国と北朝鮮という二つの巨大な爆弾を抱えるアジア情勢を打開するため、トランプは四度目の「まともな国への脱皮」を提案してきている。

　僕は、米国からの四度目の提案には乗るべきだと思う。安倍さんの改憲発言は、その歴史の流れの中にあるものでしょう。

ケント　かつて私は「九条の改正不要論」を唱えていた時期がありました。一九八八年に出版した『ボクが見た日本国憲法』で「九条を改正する必要は

ケント・ギルバート
1952年、米国アイダホ州生まれ。70年にブリガムヤング大学に入学し、71年にモルモン宣教師として初来日。80年、同大学大学院を修了し、法務博士号・経営学修士号を取得。その後、国際法律事務所に就職し、法律コンサルタントとして再び来日。タレントとして『世界まるごとHOWマッチ』などの番組に出演する。『儒教に支配された中国人と韓国人の悲劇』（講談社）など著書多数。

ないと思う」と書いたのです。

髙山　今は百八十度、考えが変わったわけですね。

ケント　はい。日本をめぐる状況が劇的に変化したので、考えを改めました。私はカリフォルニア州の弁護士資格を取得する前に、ユタ州のブリガムヤング大学の法科大学院を卒業して、法務博士号の学位を取得しました。自分で言うのも何ですが、憲法学のアマチュアではありません。

　だから、八八年の考えも、今の考えも、憲法学を学んだ者としての「同じ思想」に基づいています。

朝日の子飼い

髙山　ケントさんから見て、日本の「憲法学者」はどうですか？

ケント　ものすごく奇妙な人たちですね。米国の憲法学でもっとも重視されるのは、憲法とはどうあるべきか。すなわち「憲法観」です。

　憲法を不磨《ふま》の大典として崇《あが》めるのではなく、まず現実を直視して、その現実に対応するための「解釈」に頭を使う。

　どうやっても現実に対応できないのであれば、新たに「加憲」することを考える。それが米国の憲法学です。

髙山　そういう講義をしていたら、まちがっても長谷部恭男（憲法学者）みたいなのは出てこないよね。

ケント　衆院の憲法審査会で「安保法制は違憲だ」と主張した人ですか。でも、彼を呼んだのは自民党でしょ。

髙山　だから、脇が甘いんですよ。僕はずっと前から、長谷部を胡乱《うろん》な奴だと思ってみていた。安倍さんをはじめ、自民党の幹部だって、彼がまともじゃない「朝日新聞のお抱え学者」だと知っていたはずなんです。

　だって普通の人でも、二〇〇五年に朝日新聞が「安倍晋三（内閣官房副長官／当時）と中川昭一（経産大臣／当時）がＮＨＫを脅して番組を改《かい》竄《ざん》させた」って騒いで、まったく誤報だった事件を覚えていますよ。

ケント　元朝日記者の松井やよりとか、なんらの根拠もなく旧日本軍の慰安婦「四十一万人（うち中国人二十万人）」説をプロパガンダしている蘇智良（上海師範大学教授）とか、反日活動家が総出演していた「女性国際戦犯法廷」と称するイベントを、ＮＨＫが取材した件ですね。

髙山　そう。で、朝日新聞は、ＮＨＫが流したＥＴＶ特集の番組について、安倍と中川が政治介入して改竄させたと大誤報を飛ばした。書いたのは、記者の本田雅和。

これ、ホントに「誤報」だと認めたら、朝日新聞が存廃の危機に立たされるぐらいヒドい記事だったんだけど。朝日は、本田と自社を守るために忖度できる人間ばかり集めて、朝日直営の「第三者委員会」なるものをつくって誤魔化した。

その第三者委員会のメンバーの一人が長谷部恭男だった。彼は朝日の意を体《たい》して「誤報でなく、取材不足でした。だから朝日新聞は無罪」みたいな結論にした。以後、朝日の子飼いになって、朝日に都合のいい憲法解釈を振りまいてきたんです。そんなの調べれば、すぐに分かるはずなのに、船田元はそれも知らなかった。ダメ男の見本だね。

ケント　私が知るかぎり、日本の憲法学者の大半は「憲法学」の専門家ではなく、「日本国憲法―解釈学」の専門家。つまり、条文の文言を「正しいモノ」として、条文自体への批判的論評を避ける人たちということですね。

だからこそ、日本の憲法学者の約七割もの人が「自衛隊は憲法違反である」なんて答えるようになってしまう。こういう思考回路は「憲法＝無謬《むびゅう》（誤りのないモノ）」という妄信を崩さないかぎり、変わらないでしょう。

高山　憲法が無謬なんて、とんでもないよ。ついこの前だって、ジョー・バイデン（オバマ政権時の副大統領）が「日本を核武装させないように、われわれ米国が『日本国憲法』を書いたんだ」って〝真実〟を口にしていたじゃないか。

ケント　ええ、もしも憲法が無謬なら、たとえば、一七八九年段階の米国憲法に記されていた実質的に黒人奴隷を意味する「その他すべての人々」の一票の効力は、白人の一票に満たない「五分の三人」とみなす差別も間違っていないということになってしまいます。

本来、憲法学者というのは「現行憲法の不備」を指摘するとともに、それを現実に即して正すための研究をやらなきゃいけない。

ユートピア国家

高山　でも、そう仰るケントさんだって、一九八八年当時は九条の戦力不保持を支持していたんでしょう？

ケント　当時の私が支持していたのは「非武装中立論の日本」ではなく、「実験国家としての日本」ですけどね。

高山　実験というのは、虚像としての「ユートピア国家＝日本」を見てみたかったってこと？
　自分が米国人だからって、ケントさん！　そりゃヒドい（笑）。

ケント　たしかに（苦笑）。でも、当時の状況を考えますとね。八八年といえば、ゴルバチョフのペレストロイカ政策がソ連の中で主流派になって、ようやく冷戦構造の終わりが見えてきて、世界には、ほかに米国のライバルはいない状況でした。
　その頃の中国は、首都の北京ですら自動車の数が少なく、都市部の道路も十分には舗装されていないような発展途上国。私だけでなく、多くの専門家の頭にも「しばらくは、米国主導の国際秩序が続く」という観測があったと思います。

高山　まあ、そうですね。

ケント　日本は、安保条約によって米国の核の傘の下におり、自衛隊および在日米軍を有していました。
　その状況下であれば「九条という実験」にも、一定の価値と役割があるのではないかと思っていたんです。

高山　ところが、イスラムが石油を手に力をつけるわ、ずっと身内で殺し合いを続けるはずの中国が突如として力をつけるわ。そして、ここまで強大化するとは思わなかった？

ケント　はい。ソ連の崩壊で地球規模の軍事的緊張が弱まったと思っていたら、より強力で性質《たち》の悪い中国というモンスターが生まれてしまいました。あそこまで前近代的な覇権主義は、ちょっと異常です。
　日本はただちに「九条二項」を削除して、独自の国防体制を樹立しないと、大変な事態になるでしょう。

高山　九条は、日本に軍事的空白を生じさせている。米国はそれを案じているのでしょう。放っておくと、九条は戦争をまねく猫みたいになっちゃう（笑）。
　それから、強くなった中国に対応するためにも、日本に出てきてほしいと考えるようになった。「世界の警察官」を自称していたら、米国だけで対応しなくちゃあならないし。

ケント　そもそも「米国は世界の警察官ではない」と言ったのは、オバマでした。本当はこの時点から、「日米安保はあるけれども、日本もきちんと独自の防衛力を構築して下さいよ」と匂わせていたんです。

高山　だけど、オバマは匂わせるだけで、具体的には何のアクションも起こさなかった。オバマの在任中、米国は「世界の警察官」から戦略的に撤退したわけじゃなくて、ただ漫然と存在感《プレゼンス》を失っていっただけ。

ケント　米国人として言いますが、オバマは最低の大統領でした。私もまったく評価しません。

フロンティア精神

高山　トランプはどうですか？

ケント　北朝鮮に対して「戦略的忍耐」とか言って、ただ怠慢だっただけのオバマとは正反対です。トランプは、米国人の「フロンティア精神」を体現する人なので。

高山　それって、インディアンを殺しまくった〝古きよき開拓民〟のフロンティア精神？

ケント　私にだってフロンティア精神が流れていますし、日本人の中にだって流れているはずですよ。

たとえば北朝鮮についても、本音を言えば、金正恩が軍事的に潰《つぶ》されるのを見てみたい気持ちはあります。私だけじゃなくて、米国人なら誰にだってそういう気持ちがありますよ。だって、面倒くさいんだもん（笑）。

高山　殺しちゃえば早いか。

ケント　そう。抹殺しなかったら、われわれは半ば永遠に金正恩との関係をマネージし続けなければならない。つまり〝問題〟が未来永劫《えいごう》、解決しないわけです。

だったら、抹殺してしまえばいい。誤解を招く言い方かもしれませんが、それがフロンティア精神です。有体《ありてい》にいえば、敵を殺すってことですよ。

高山　米国の歴史そのものですね。

ケント　米国の歴史の中に、そういう一面があることは否定しません。ただ、米国だけじゃないと思いますけどね。以前、トニー・マラーノさん（テキサス親父）と一緒に本をつくったときに、ビンラディンの話になったんです。

そのときに、編集者とかトニーさんの事務局の人が「どうしてビンラディンを殺してしまったのか？　捕まえて、裁判にかければよかったのに」と、しきりに言うんです。

それで、私とトニーさんが「違うよ。戦争は敵を殺すためにやるんだから、ビンラディンは殺さなきゃならない。当たり前じゃないか」と。

高山　その返答で、質問した日本人は納得しましたか？

ケント　いえ、納得せずに三回も尋ねられました。どうして、分かってもらえないのか。

高山　それは、米国が「二度と軍隊を持つな」「日本人は、平和を愛する諸国民にすがって生きろ」と洗脳したから（笑）。

ケント　今はもう、米国は洗脳していませんよ。日本人が自己暗示を続けているだけじゃないですか。

髙山　トランプは、そういうフロンティア精神で国際社会に臨んでいますね。中国に「ワンチャイナなんて聞いていない」と言ったのは本音でしょう。もうお前の好きにはさせない。潰してもいいんだぞくらいは思っている。

　北朝鮮にも同じです。金正恩に好きにさせたらオバマと同じになる。だから北朝鮮はやるでしょう。

　そのとき、破れかぶれになった北がミサイルを発射して、日本人に〝実害〟が発生すれば、覚醒するんじゃないかと思う。〝実害〟が出なかったら、平和ぼけした日本人には分からないですよ。

　トランプは、いつやるかな？

ケント　中東もありますからね。

髙山　中東は、もう整理がついたんじゃないですか。そろそろ、IS（イスラミック・ステート）の支配領域もなくなるし、シリアに巡航ミサイルを撃ち込んだとき、僕はトランプの腕を垣間見た気がして、さすがだなと。

ケント　あれは最高でしたね。トランプの目の前に座っていた習近平が硬直しちゃって、十数秒間、なにも言えなかった。

　習近平は、それが北朝鮮に対するパフォーマンスではなく、自分自身、そして中国に見せつけるための行為で、ロシアも注視していると悟ったと思うのです。

髙山　あの時は、シリアのアサド大統領にも、プーチンにもぜんぶ話を通した上で、ドーンとやった。いまトランプは、米国を蝕《むしば》んでいた国務省のパワーを削《そ》ぐために、側近を軍人さん（国防総省人脈）で固めていますが、彼らはリアリストですね。

　シリアへ飛ばした巡航ミサイルだって、五十九発のうち二十発以上をわざとトンチンカンなところで自爆するように仕込んで、最小限の被害にして。攻撃を受ける側のアサドにも「お前の政権は潰さないよ」と担保した上でやった。

　それだけ優秀な軍人さんを揃えているわけだから、北朝鮮をやることを躊躇《ヘジテイト》するとは考えられない。

ケント　確かにそうですが、中東がまだ流動的なのでね。

髙山　米国にとっては「不安定な地域」を残しておく方が都合がいいのでは？　これまでだって、それなりに安定していた国家をわざわざ潰して、地域を不安定化させているでしょう。

ケント　いや、米国は失敗してきたんだと思いますよ。

米国流とは？

髙山　うーん……僕の目には、イラクのサダム・フセインもリビアのカダフィも、イスラムのくびきを離れて民主国家に脱皮しようとしていた国家指導者に映るんですけどねえ。

キリスト教国家でいえば、マルティン・ルターみたいに宗教改革に努めて、ひょっとしたら、中東の夜明けになるものだったと思うよ。

一方、米国はそうした先覚者を意図的に潰して昔ながらの宗教漬けの国に戻し、シーアとスンニを戦わせる「政治的不安定化」を演出している。

お前らはお互いに対立し、殺し合い、黙って石油を出していればいい。僕は、そのやり方こそが「米国流」だと思っているのだけれど。

ケント　どうでしょう。

私は、中東を不安定化させておくことが、米国の国益、あるいは戦略の達成だとは考えていません。

髙山　そうなの？

ケント　これまで中東に対して、米国が行ってきた戦略は「鶏と卵＝民主主義と市場開放（自由主義的市場経済の導入）」でした。

Aパターン〈先に独裁者を倒す→民主主義を導入→市場開放→経済発展→普通の国家〉

Bパターン〈独裁者を黙認→先に市場開放→経済発展→独裁者を倒す→民主主義の導入→普通の国家〉

米国は、この二つのパターンで、どの地域も最終的には「（米国が考える）普通の国家」に変化させることができると信じていたわけです。しかし現在、この米国の信念が大失敗だったことが、はっきりしました。

この手法が通用するのは、独裁であろうとなかろうと「政教分離された地域」だけで、政教分離されておらず、分離するつもりもない中東の（イスラム）国家には通用しません。

私はクリスチャンなので、キツい言い方に聞こえるかもしれませんが、中東のイスラム教は、キリスト教から五百年遅れていますよ。

髙山　五百年か……だとすると、ずいぶん昔にキリスト教徒たちが通ってきた「血みどろの道」を、今まさにイスラム教徒が歩いているわけね。

（『WiLL』二〇一七年八月号初出）

平和は〝力〟で守られる

憲法九条――いつまでごまかす気か

弘兼憲史
漫画家

話し合いだけで解決するほど世界は甘くない――日本よ、武器を持て！

加治隆介の議

約十年続いた『課長 島耕作』の連載が終了した一九九一年、私は『加治隆介の議』を描き始めました。主人公の加治隆介《かじりゅうすけ》は与党「民政党」の国会議員。彼が総理大臣に上り詰めるまでのストーリーです。

国会議員である父親の事故死を受け、加治は政治家になることを決意する。ただ、選挙では父親の第一秘書と戦うことになり……。ピンときた勘の良い読者もおられるでしょうが、加治のモデルは中川昭一《なかがわしょういち》さんです。執筆にあたっては、作品にリアリティを持たせるため永田町と霞が関に通い、防衛大臣だった岩屋毅《いわやたけし》さんや石破茂《いしばしげる》さんにも取材で協力していただきました。情報収集のため、アメリカ議会や国連に赴《おもむ》いたこともあります。

仲間と手を携《たずさ》えて国を守るためには、集団的自衛権を認めなければならない――実は、『加治隆介の議』を描き始めたのは、このことを伝えたかったからです。

日本を取り囲む核保有国から単独で身を守るには、日本も核を持たなければなりません。しかしそれでは、かつてアメリカとソ連、インドとパキスタンが繰り広げた核開発競争の二の舞になってしまいます。

　そこで、作中で加治に「集団的自衛権なしに日本を守ることはできない」と一貫して主張させたのです。ただ、私の意見を押しつけたくはなかったので、加治への反対意見も紹介しながら、読者が考える機会を提供するよう努めました。

　しかし当時は、メディアですら「集団的自衛権」と「集団安全保障」を区別できないような状況でした。「アメリカの戦争に日本が巻き込まれてしまう」と考える世論に訴えることは非常に難しかった。

　それから二十年以上経った二〇一五年、平和安全法制によって「持てど使えぬ」まま放置されてきた集団的自衛権の行使が認められることになった。「それ見たことか」というのが正直なところです。

ひろかね　けんし
1947年、山口県生まれ。70年、早稲田大学法学部卒業。松下電器産業勤務を経て、76年に漫画家デビュー。『人間交差点』で第30回小学館漫画賞。『課長 島耕作』で第15回講談社漫画賞。『黄昏流星群』で平成13年度文化庁メディア芸術祭優秀賞、平成15年度日本漫画家協会賞大賞受賞。現在、「モーニング」に『会長 島耕作』、「ビッグコミックオリジナル」に『黄昏流星群』を連載中。

素朴な疑問

　では、日本が次にすべきことは何か。もちろん、憲法九条の改正にほかなりません。

　一九六六年、私は早稲田大学法学部に入学し、憲法を習いました。九条には「戦力を保持しない」と書いてあるにもかかわらず、日本には戦車や戦闘機を持った「自衛隊」なる組織が存在する。自衛隊とはいったい何なのか――誰もが一度は抱くであろう素朴な疑問をきっかけに、私は政治に興味を持ったのです。

「憲法の矛盾」に直面して半世紀、いまだ自衛隊は「宙ぶらりん」のまま放置され、政府は「戦力ではなく実力」と解釈を続けています。いつまで「ごまかし」を続けるのでしょうか。ただ、〝平和〟憲法に従って自衛隊をなくしてしまうなどあり得ない。憲法が現実に歩み寄るべきなのです。

私は防衛省から「オピニオンリーダー」を拝命し、自衛隊のことをあまり知らない人、そして自衛隊を毛嫌いする人たちに向けて自衛隊の頑張りを伝える任務を担ってきました。

東日本大震災を機に、国民の自衛隊に抱くイメージは大きく変わりました。その後、自然災害が起こるたびに自衛隊への信頼は高まっています。しかし、手放しで喜ぶことはできません。なぜなら、自衛隊本来の任務は「国防」だからです。

自衛隊は万が一に備え、日々過酷な訓練に耐えています。こんなに国家と国民に奉仕する自衛隊を憲法に明記することが許されないのか――心苦しさが募ります。

自民党には、安倍首相が提唱した自衛隊明記案を叩き台に、速やかな憲法改正の実現を期待します。もちろん、二項を削除し正式な「国軍」と位置付けるのが理想ですが、それでは国民の賛同が得られませんから。

メディアが言うように、良くも悪くも「安倍一強」であることは間違いない。であれば、強いリーダーの任期中に憲法改正を実現する必要があるでしょう。このチャンスを逃せば、また何十年も自衛隊が「宙ぶらりん」のまま放置されるかもしれないのです。

国民的議論のため、メディアも真実を伝えなければなりません。相変わらず「左翼」的な報道を繰り返す新聞とテレビは、現実的な議論から逃げ続けています。権力の監視がマスコミの仕事ではありますが、憲法改正の邪魔は許されません。

戦争アレルギーを克服せよ

かつて取材した社会党の国会議員は「日本は軍隊を持たなくていい。丸腰の人間を撃つ人がいますか」と私に問いかけました。リアリストであるべき政治家の口から飛び出した言葉に唖然とした覚えがありますが、「左翼」は子供じみた平和論を語ります。

思えば、私は昔から「左翼」を冷め

た目で見ていました。全共闘世代の私が通った早稲田大学は、教授を含め九割が「左翼」思想に染まっていたように思います。特に法学部は共産党シンパの教授がズラリと並び、授業内容も相当偏っていました。

とはいえ、「左翼」学生のうち、学生運動に参加していたのは一割程度で、その中でも信念を持って活動していたのは十分の一ほどです。ついこの前までデモに狂奔《きようほん》し機動隊と衝突していた者の多くが、大企業に内定をもらって喜んでいる。結局、彼らにとって思想など「ファッション」にすぎないということです。

〝平和〟憲法の下、戦後の日本人は現実を直視せずにやり過ごしてきました。過去の戦争を反省すること自体は、決して悪いことではありませんん。ですが「戦争アレルギー」が強すぎるあまり、日本は時代に取り残されてしまっています。

例えば、「専守防衛」の概念も見直す必要があります。北朝鮮から飛んできた核ミサイルで東京が焦土と化したとして、それから反撃する意味があるのでしょうか。当然、時代に合わせて防衛の在り方も変わるでしょう。ところが日本人の中には、日本が「侵略戦争」をしかねないという前提で「敵基地攻撃能力」を拒否する人たちがいるのです。

この世界には、「必要な戦争」もあります。一九九〇年、イラクのクウェート侵攻に端を発した湾岸戦争では、アメリカをリーダーとする多国籍軍が戦争に踏み切りました。罪なき一般市民の命が奪われるのを黙って見過ごすわけにはいきません。それを尻目に、憲法九条に縛られて自衛隊を戦場へ派遣できない日本は、一兆円もの莫大な資金援助という形で〝参戦〟するほかなかった。

後日、『ニューヨーク・タイムズ』『ワシントン・ポスト』に、危機を脱したクウェート政府による全面広告が掲載され、三十カ国への感謝の言葉が綴《つづ》られました。ところが、その中に日本は含まれていなかった。血を流す覚悟なしには「仲間」と認めてくれないのが、世界の現実です。

「島耕作」ではビジネスを通して、「加治隆介」では外交を通して、私は世界との付き合い方を描いてきました。国際ビジネスでは狡猾《こうかつ》な戦略がモノを言いますし、外交は軍事力を背景に展開される。話し合いだけで物事が解決するほど世界は甘くない。いつ日本人は気付くのでしょうか。

（『ＷｉＬＬ』二〇一八年十二月号初出）

憲法改正・核保有で最強の日米同盟に

藤井厳喜 国際政治学者
飯柴智亮 元アメリカ陸軍大尉

北朝鮮は最終的に米露中の"三分割統治"も考えられるが……

トランプのアジア歴訪

藤井　トランプ大統領のアジア歴訪につき、私が一番印象に残ったのは横田基地で行ったトランプの演説です。「いかなる独裁者もアメリカの決意を過小評価してはならない」と。つまり、「いざという時には、アメリカはやるぞ」という決意を世界に向けて表明したと言えます。

飯柴　中国・北朝鮮に対していい威嚇になったと思います。

藤井　アメリカ外交は、とりあえずIS問題が最優先課題でした。これが片付かなければ、東アジアの問題に手がつけられない。ところが、クルド勢力が奮闘し、ISの最重要拠点ラッカを陥落させた。今後、ISは領域支配は、もはやできなくなったのです。

飯柴　あとは、欧米各地に散らばったISの残党たちによるテロへの対策を強化すればいい。

藤井　そう。つまり、アメリカはようやく東アジア対策に本腰を入れる態勢が整ったのです。このアジア歴訪でトランプは、北朝鮮政策をどうするのか、一応の結論を出すでしょう。

一方で、今、北朝鮮にとって幸いであり、我々にとっては不幸なのは、韓国の大統領が、文在寅だということです。文大統領と、その側近は明らかに親北派ですから。

朝鮮半島内の力関係で言えば、北朝鮮は非常に有利な状況です。

飯柴　大統領秘書室長に前ソウル副市長の任鍾晳氏を任命しましたが、彼は一九八〇年代、学生運動団体「全国大学生代表者協議会（全大協）」の議長だったそうですね。

そこで「主思派（＝主体思想を信奉）」の代表だった。

藤井　確信犯ですよ。文大統領の周辺は、同種の人間ばかりです。

飯柴　トランプ訪韓のときも、元慰安婦の女性・李容洙を晩餐会に招いたり、「独島エビ」という訳のわからないメニューを出している。一体どういう神経をしているのでしょうか。

藤井　トランプの表情も終始浮かない様子でしたよね。結局、文大統領との会談も三十分にも満たなかった。韓国の弱腰姿勢に、トランプは苦り切っている様子です。

こんな文政権ですから、北朝鮮から「高麗連邦をつくりましょう」と言われたら、簡単に話に乗る可能性が高いでしょう。

飯柴　そうなると、駐韓米軍も撤退をオプションのひとつとして検討せざるを得ないでしょう。

藤井　イヴァンカも韓国に行かなくて良かったと思います。だいたい、韓国は十月末、テロ警戒レベルを最低にまで下げている。トランプ大統領が来る前にですよ。

そりゃ、三十八度線だって見にいきません（笑）。

飯柴　日本にとって良かったのは、トランプ大統領訪問の意義と収穫において、韓国に歴然とした差をつけることができたことでしょう。

藤井　韓国では反米デモが百以上あったと聞きます（笑）。北の工作によるものでしょうが、なんとも情けない。

南シナ海がポイント

飯柴　トランプ大統領の訪中についてはどう見ていますか。

藤井　国賓以上の扱いで、紫禁城でトランプ夫妻を接待していましたよね。その裏側はどういう意図があるのか。

飯柴　自分たちを大国に見立てた演

いいしば　ともあき
1973年、東京都生まれ。米軍に入隊するため19歳で渡米。北ミシガン州立大に入学し、士官候補生コースの訓練を修了。1999年に永住権を得て米陸軍入隊。2003年、米国市民権を取得。08年大尉に昇進。S2情報担当将校として活躍。日米合同演習では連絡将校として自衛隊と折衝にあたる。09年除隊。11年アラバマ州トロイ大学より国際政治学・国家安全保障分野の修士号を取得。著書に『第82空挺師団の日本人少尉』（並木書房）、『金の切れ目で 日本から本当に米軍はいなくなる』（講談社＋α新書）など。

出だという評価もされていますが。

藤井　習近平は党大会を終え、ほぼ独裁体制を築くことに成功した。今、習近平の目下の課題は経済です。自由経済から統制経済に戻して、自分の仲間の会社は潰さないようにする。軍事的には、隙を狙って、中央アジアやパキスタンへの侵出を進め、南シナ海の実効支配を強めようとするでしょう。

飯柴　我々も『米中激戦！』（KKベストセラーズ）で議論をしましたが、やはり南シナ海が最大のポイントでしょう。今回の訪中でも、トランプ大統領と習近平国家主席の間で、南シナ海について協議したはずです。

藤井　今回のアジア歴訪で、トランプがAPEC（アジア太平洋経済協力会議）の首脳会議出席のため、ベトナムに訪問したことも意味が大きい。ベトナムの協力が得られないと、南シナ海を巡る中国との戦争は難しいですから。

飯柴　敵か味方か微妙ですが、フィリピンのドゥテルテ大統領との連携も重要ですね。

藤井　ドゥテルテはちょっとフラフラしているように見えるけど（笑）。ラオス・カンボジアが中華圏に入ってしまった今、ベトナム・フィリピンの存在感は高まらざるを得ない。ベトナムに米軍艦船が常時、寄港する日も遠くないでしょう。

飯柴　それによって南シナ海を東と西の両側から牽制することができると思います。

●平和は“力”で守られる

藤井　軍事的な緊張感の高い状態が、二〇一七年の末から一八年の前半にかけて続いていくと思います。私は第二次朝鮮戦争が起こる可能性は低いと思っていますが、何が起こるかわかりません。たとえば、アメリカのジェット機が北朝鮮上空近くを飛んだとき、下からミサイルを撃たれて墜落したり、アメリカの船が北朝鮮に近づいたとき砲撃を受ける……。

そういう小競り合いを経て、大戦争が勃発《ぼっぱつ》する寸前で落としどころを交渉する。そのようなシナリオがもっとも現実的でしょうね。

飯柴　一九六二年のキューバ危機と同じような状況でしょうか。あの時も、第三次世界大戦勃発寸前で、大規模な戦争が回避されました。

ふじい　げんき
1952年、東京都生まれ。早稲田大学政治経済学部政治学科卒業。77～85年、アメリカ留学。クレアモント大学院政治学部（修士）を経て、ハーバード大学政治学部大学院助手、同大学国際問題研究所研究員。82年から近未来予測の「ケンブリッジ・フォーキャスト・レポート」発行。株式会社ケンブリッジ・フォーキャスト・グループ・オブ・ジャパン代表取締役。古田博司氏との共著『韓国・北朝鮮の悲劇 米中は全面対決へ』、石平氏との共著『米中「冷戦」から「熱戦」へ』（ともにワック）など著書多数。

キーパーソンはプーチン

藤井　米朝で最終交渉という段階に入れば、核弾頭が何発かは、北朝鮮に残らざるを得ないと思います。たとえば、ＩＣＢＭの開発は中止させるけど、十発核弾頭を持っているなら、五発までに減らさせるとか。

そうなれば、アメリカは実際に現地に行って査察をしようとするでしょう。でも、北朝鮮側は、米軍を自分たちの懐に入れさせたくはない。

こうなったとき、キーパーソンとなる人物はプーチン大統領になると思います。トランプは習近平を信用していないでしょうが、プーチンだったら信用できるところがある。

『米中激戦!』
（KKベストセラーズ）

飯柴　中東問題が沈静化したのも、ロシアの協力があってこそでしょう。

藤井　そう、ロシアのおかげでイランも、ある程度抑えることができていますから。

北朝鮮は中国か、ロシアに頼るほかありません。育ての親である中国は口うるさい。そうなると、生みの親であるロシアに擦り寄る可能性は高いし、今すでにそうしています。

飯柴　ミサイルを撃つたびに、北朝鮮に対して経済制裁を強化していますが、正直に言って、ほとんど効果がないんです。

藤井　そう、中国が石油供給をやめていませんから。

飯柴　個人レベルでも、国レベルでも、中朝国境付近の中国人は、北朝鮮に対して、何らかの制裁措置を実行する意思はさらさらない。ニュースで見ましたが、平気で北朝鮮産のナマコを売っていますから（笑）。

リポーターが「これは北朝鮮産ではないか」と聞いたら、現地の中国人は「そうだ」と答える。「そんなのダメじゃないか」と言うと、「そんなわけない」と答えていました（笑）。

藤井　どうしようもないですね（笑）。

飯柴　中国人の考え方としては、北朝鮮を悪者に仕立てあげ、世界の注目をそこに集中させる。その裏では、自分たちにとって都合のいいことをしたい。中国からすると、北朝鮮は使い勝手のいい〝出城〟みたいなものです。

藤井　今の北朝鮮は北京の言うことを聞いていないから、習近平からすると面白くないという評価もある。最終的に習近平がどのように判断するかといえば、結局、北朝鮮は中国の子分ですから、それを守るし利用する。米中が手を携えて北を攻めるという可能性もありますが、中国は北朝鮮を擁護する側に回るでしょう。

飯柴　私もそう思います。

藤井　北朝鮮という石にアメリカがつまずいている限りは、アメリカの圧力が中国に来ることはありませんから、南シナ海の軍事拠点はさらに強化できる。南シナ海で中国はサラミ戦略で、島に洋上要塞を築くまでになった。七〇年代から続けていることだから、それはすごい。

飯柴　中国独特の遠大な計画性について、もう少し長期的視野を持って理解する必要があると思います。

藤井　北朝鮮は放っておいて、とにかく、今すぐにでも南シナ海をアメリカは制圧してほしいのですが。

飯柴　そうすれば、北朝鮮問題も、連動して解決するでしょうね。南シナ海をとられると、日本の通商問題はとても困難になる。優先順位を考えて取り組まないといけません。

藤井　その通りです。

北朝鮮を見くびるな

飯柴　なぜ、世界から非難を浴びながら、北朝鮮が核ミサイル開発をやめないのか。さまざまな理由が考えられていますが、私が思うに、金王朝の存続をさせたいがための最終的な防衛手段ではないでしょうか。サダム・フセインやカダフィが悲惨な末路を遂げたのは、核を持たなかったためだと。

藤井　それが北朝鮮の本音でしょう。

飯柴　北朝鮮もバカではないから、弾道ミサイルを持ったところでアメリカに太刀打ちできないことはわかっています。数も質もすべてにおいて負けていますから。

　金正恩が乗っている軍艦の映像を見たことがありますが、全身サビだらけ（笑）。海軍の専門家が見ても「これじゃまったく使いものにならない」と言っています。そういうレベルですから、現実を見据えて冷静な判断をするべきです。

藤井　アメリカが本気を出せば、一瞬で潰すことができますからね。

飯柴　ただ、少し気になることもある。金正日時代に比べて、今の平壌の景色がまったく違っているのです。かつてはコンクリートが剝《む》き出しでボロボロだったのに、今は洗練されたビルがいくつもあって、人々は携帯電話を持って闊歩《かっぽ》している。とても近代化し、どこの国なのかと見紛うほどです。

藤井　裕福になってきている証拠でしょう。

飯柴　さらに、以前の北朝鮮は過激なテロ行為を何度かしています。大韓航空機墜落事件やラングーン事件（北朝鮮工作員により、ビルマを訪問中の全斗煥大統領一行の暗殺を狙って引き起こされた爆破事件）などで

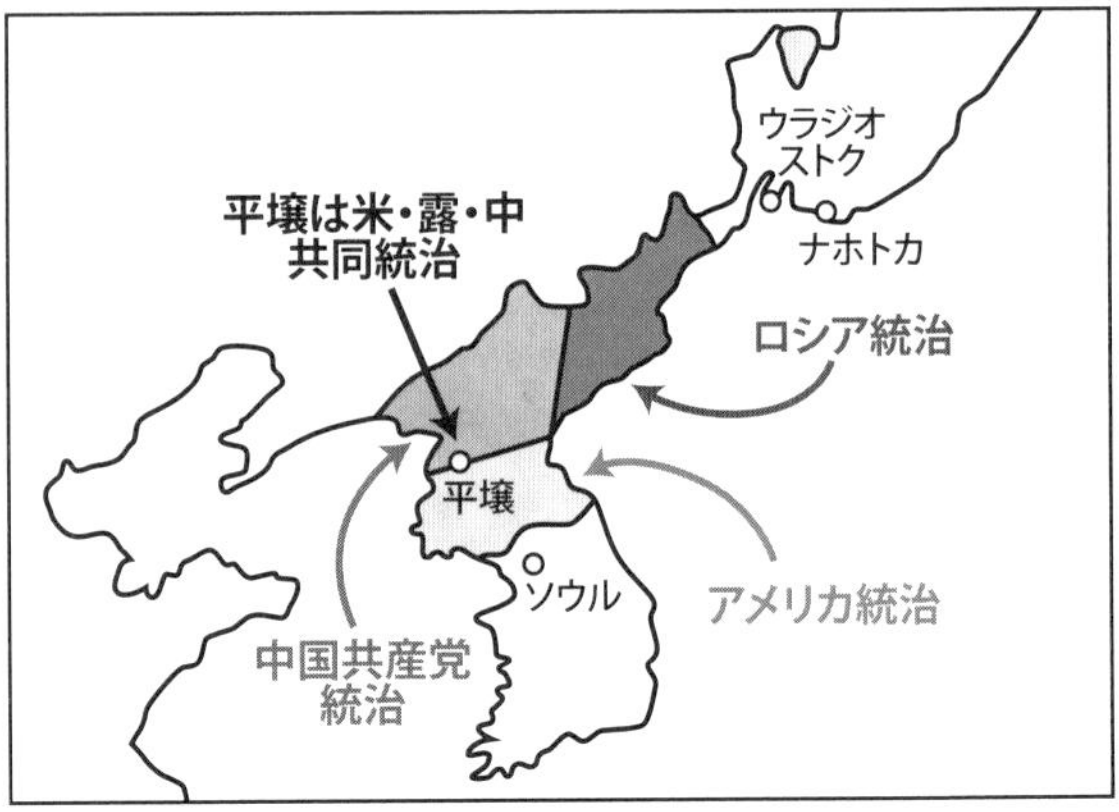

藤井氏が構想する北朝鮮三分割統治

す。ところが、金正恩体制になってから、このようなテロ行為が鳴りを潜めている。

藤井　強いてあげれば、金正男暗殺事件くらいですか。

飯柴　これは王朝存続の問題から起こった内輪の事件ですから、ちょっと毛色が違います。

金正恩というのは、なかなかしたたかな人物ではないでしょうか。

藤井　金正恩個人というよりも「チーム金正恩」が優秀ではないのでしょうか。敵国のこともよく分析していますからね。

飯柴　打つ手打つ手がとても的確ですよね。

藤井　許容範囲ギリギリのところで実行している。それ以上行ったら危険だというところからは決して出ない。金正男暗殺もマレーシアで実行しましたが、あの国は中国と北朝鮮の影響を強く受けている。いくらでも警察を含めて誤魔化せると踏んでいるのです。

一部の評価では「気が狂った独裁者だ」と言われていますが、まったくそんなことはない。トランプは訪韓したとき、「我々を見くびるな」と述べましたが、同じく金正恩を見くびると危険だと思います。

飯柴　ですが、北朝鮮のような絶対王政の体制国家は、現代においてどこまで存続できるのでしょうか。世界を見渡しても、絶対王政国家であるのは、スワジランド（アフリカ）やサウジアラビア、リヒテンシュタインなどです。

リヒテンシュタインは国民の平均所得が約十二万ドル。世界と比べてもとても高い。そのため、絶対王政であろうと国民は文句を言わないのですが。

そのリヒテンシュタインですら、絶対王政存続のためにどうすればいいか、真剣に勉強会を開いたりしています。

一方で、北朝鮮は貧しく、経済的には世界の最貧国の一つです。

藤井 長期的に見て、金王朝体制は、それほど長持ちしないと思います。

これは私の勝手な妄想なんですが、北朝鮮を三国が三分割統治する可能性もあるのではないかと思っています。つまり、アメリカが空爆し、中国が北方から侵入し、北朝鮮を事実上分断する。さらにロシアも出てくるという。

飯柴 いや、その考え方は現実的で、あり得るのではないですか。

藤井 私がつくった北朝鮮の仮想・占領地図を見てください（前ページの図参照）。ロシアが出てくると、日本からすると、中国が日本海と直接接することがないから都合はいい。平壌は共同統治で、第二次大戦後のベルリンのようになる。

飯柴 なるほど（笑）。北方領土のときもそうですが、ロシアは相手の弱みにつけ込むのがうまい民族ですから、間違いなく手を出してくるでしょうね。

ところで、韓国はどうなんですか。

藤井 まったく各国から無視されて、どこにも入り込む余地がないでしょう（笑）。

生き生きとしたトランプ

飯柴 今後は北朝鮮に対して、現実路線か、強硬路線か、批判合戦を繰り広げるか。このあたりはトランプの判断次第です。

ハーバード交渉術によると、三つの交渉方法がある。

一つが「ハード（強め）」、もう一つが「ソフト（弱め）」、最後に「コンセンサス（協議）」。「コンセンサス」が一番賢い方法だと言われています。両者が勝つ状態になりますから。

藤井 そうなると、トランプがどの方法を選ぶか、気になるところです。

飯柴 トランプ大統領は「さまざまな選択肢《オプション》がある」という言葉をよく使いますが、これは米軍の影響が大きいでしょう。

軍部のスタッフは常に戦略的な選択肢を研究しています。その中で「一番可能性のある状況は何か」と、「最悪の事態は何か」を策定して、司令官に報告しなければいけません。北朝鮮だったら、可能性のある状況だと、ミサイル実験は続けるが向こうから打ってはこない。最悪の事態は、自暴自棄になって核ミサイルを撃ち込んでくる。

その二つの状況から、対応策を考え戦略的なシミュレートをする。よりよい選択肢を考え抜いて、トップに報告するわけですから、多くの場合、司令官はその考えを受け入れてくれます。この方法を、トランプ大統領はとても気に入っているようなのです。

藤井　トランプはもともとビジネスマンだから、そこと相通じるところがあるかもしれません。西洋人に共通する考え方として、「軍人は有能である」と。なぜなら、人間にとって一番難しい行動・判断を要求されるのが戦争です。戦争ができる人間がビジネスもできるのは当然。つまり、西欧人にとってビジネス＝戦争なのです。

飯柴　ビジネスの世界では、「ヘッドクォーター」（＝司令部・本社）など、軍事用語がいろいろと使われていますから。

基本的に軍部の指導者層は博士号を持っています。動きは機敏ですし、時間は厳守する。トランプからすると、やっと得ることができた有能なスタッフたちだと思います。だから、顔も生き生きとしている（笑）。

藤井　その通りですね。トランプにとっては〝ドリームチーム〟です。オバマのときは、本当にひどかったですから。

飯柴　オバマ時代の八年間で中国も北朝鮮も勢力を伸ばしてきた。軍の予算もカットされて、装備も悪くなったのです。

藤井　砲弾の備蓄や軍艦や軍機もお粗末な状態だった。

飯柴　人事も滅茶苦茶でした。たとえば、陸軍参謀総長に任命したマーティン・デンプシー氏を、わずか六カ月で統合参謀本部議長に変えた。陸軍参謀総長になったら、通常は三年間勤務しなければいけません。

加えて、デヴィッド・ペトレイアス元中央軍司令官も同じような状況だった。中央軍司令官として成果を上げていたのに、アフガニスタン駐留米軍司令官に任命された。

藤井　これは格を落とされたわけですね。

歴史の分水嶺

飯柴　降格どころではありません。「大隊長から中隊長をやれ」と言われたようなものです。そのペトレイアス氏は、女性スキャンダルによって失脚してしまった。

藤井　どういうことですか。

飯柴　妻もいない荒野のアフガニスタンで、美人少佐に「自伝を書くから」と持ちかけられ、不倫関係に陥ってしまった。文字通り、ハニートラップにかかってしまったのです。

おそらく選挙戦を勝ち抜くため、民主党がペトレイアス氏をはめたのでしょう。

藤井　ペトレイアスも共和党の有力大統領候補として名前が挙がっていましたから。

飯柴　副大統領候補の顔もありました。それくらい人気があったし、有能だった。ＭＰＡ＝行政専門家としての博士号も持っているから、共和党候補になるべきでした。

仮に前述の事件が起きてなくて、二〇一六年の大統領選でトランプ大統領候補、ペトレイアス副大統領候補だったら、圧勝していたでしょう。

藤井　そう思います。アメリカでは「英雄《ヒーロー》」扱いされるほどの実績がある人物でしたからね。

飯柴　オバマが滅茶苦茶にしたアメリカの内政を、イラクの内政問題にあたっていたペトレイアス氏であれば立て直せたはずですが、それを嫌う勢力によって潰されてしまったのです。

藤井　アメリカ国内の権力争いは熾《し》烈《れつ》で、それは今も続いている。米中の両大国に挟まれた日本は、安倍さんを中心に生き残る知恵と力を身につけていかなければいけない。

日本は今の憲法のままでいいのか──そこが問われるべき時にきています。憲法改正はとてもハードルが高いと言われていますが、軍事的な大騒乱が目前に迫っている。

そんな中、日本人一人ひとりの危機感が高まるのではないか。

飯柴　そうなると、憲法改正への道筋が見えやすくなると思います。

藤井　九条改正は当然です。北が核を持つなら、日本にも核を導入しようか、など、そういう一歩先の日米同盟の考え方が生まれると思います。

最悪、南シナ海が中国の原子力潜水艦のたまり場となれば、日本独自の核保有や、ＳＬＢＭ（潜水艦発射弾道ミサイル）保有も実行すべきです。核保有国の日本とアメリカが同盟を結べば、最強の同盟関係です。ここまで日米同盟が進化すれば、北朝鮮が核を何発持とうが大して怖くはない。

飯柴　中国も恐れるに足らずでしょう。

藤井　トランプの対北・中国の決断が、歴史の分水嶺になる可能性が十分にあると思いますね。

（『Ｗ・ｉ・Ｌ・Ｌ』二〇一八年一月号初出）

平和は〝力〟で守られる

力こそ平和を生み出す

ジェームズ・A・ライアン
元米太平洋艦隊司令官

聞き手 藤田裕行
国際ジャーナリスト

憲法改正で抑止力を高め、一発の銃弾も撃つことなく戦争を防げ

力による平和の実現

――二〇一七年十一月、トランプ大統領が来日。安倍首相との首脳会談で、日米同盟が最も重要な二国間関係であることを再確認しました。

ライアン　西太平洋で最も重要な同盟です。

――ライアン海軍大将は、その太平洋艦隊の司令官でした。

ライアン　海上自衛隊の長田博《ながたひろし》海上幕僚長（第十六代）が日本側のトップで、訓練を共にしました。

私は、トランプ大統領が日本を訪問した時に、広島・長崎への原爆投下が全く必要のなかったものであることを話題にしてほしいと関係者に伝えてきました。

トランプ大統領は、ビジネスマンだから歴史について詳しくありません。日本がヤルタ会談に先立って五回も和平提案をしていたことなど、絶対に知らないでしょう。「原爆投下は何百万の人命を救った」とも発言している。

――米国側の正当化論理ですね。

ライアン　安倍首相が、トランプ大統領との対話の場で、歴史認識を議論の俎上《そじょう》に載せたのかどうかわかりません。

　ただ、安倍首相から、トランプ大統領に次のように訴えてほしいと思っていました。

「大統領はご存じでしょうが、歴史の事実についてお伝えしたい。ヤルタ会談に先立って、日本は和平の努力をしていたのです。バチカンやモスクワを通じて、そしてマッカーサー元帥は四十二ページの覚書を、日本側が提出してきた『降伏文書』と共に米政府に提出しているのです。これはトルーマン大統領が一九四五年八月に受け取ったものと、全く同じ内容の降伏文書です。つまり、四五年二月の段階で、すでに日本の降伏の意思は、示されていたのです」

　こうした対話は、安倍首相のほうから持ち出さないと、トランプ大統領側からは出てこないでしょう。トランプ大統領は、歴史事実に理解を示すことができるでしょうが、側近やアドバイザーが歴史事実を伝えていないから、そうした情報に接する機会がない。

——いずれにせよ、強いアメリカの復活を目指すトランプ大統領が来日し、同じく強い日本を志向する安倍首相と首脳会談を行いました。強いアメリカと強い日本が同盟をさらに深めることが、東アジア・太平洋地域の平和と安全に寄与します。

　元米海軍の太平洋艦隊司令官という立場で、この地域の安全保障について、基本的な考えをお伺いします。

ライアン　北朝鮮、中国、ロシアが侵略国家だということは、歴史が証明しています。重要なのは、我々が抑止力を持っているかどうか。先制攻撃を加えることなく勝利する戦略が必要です。

　そのためには、「力による平和の実現」という「レーガン方式」に立ち返る必要がある。こちらが軍縮をすれば、相手も同じことをすると思わないことが大切です。

　実際、我々がフィリピンのスービック湾から撤退した途端、中国は即座に南シナ海の全域を自分の領海だと宣言しました。

　日本と韓国だけでなく、台湾やフィリピン、ベトナムなどの周辺諸国と一体となって、中国の軍事的膨張を止めなければなりません。

——中国が侵略国家というのは、実際の行動で証明されました。

ライアン　四つの人工島を建設し、

一万フィートの滑走路も四つつくっています。事実上の「不沈空母」ですが、そんなことをする理由はただ一つ。

中国を攻撃しようとしている国など存在しないので、「自衛のため」という言い訳はナンセンスです。

中国は、太平洋にまで軍事的覇権を拡大しようと着々と実績を積み重ねている。だからこそ、我々が安全保障上の同盟を強固にすることが重要です。

――中国は「ワン・チャイナ」などと妄言を吐いて、地理的、歴史的にも中国の一部ではないにもかかわらず、台湾を自国の一部として略取《りゃくしゅ》しようとしています。

ライアン　台湾は、中国の第一のターゲットになっています。その台湾を防衛できる潜水艦を台湾自身が建造できるよう、技術等の支援をすべきです。六百三十ミリ砲や潜水艦用のミサイル発射装置を装備することで、中国が台湾に侵攻する意図を挫《くじ》くことができる。さらに、Ｆ35戦闘機の導入を進めることによって制空権を強化することができ、抑止効果が倍増する。

平和のために九条を改正せよ

――他に配備すべきものは何でしょうか。

ライアン　我々は、中国の侵略に対して、状況対応型に陥《おちい》ってしまっています。私はトランプ大統領が就任する以前から、状況主導型の軍事対応プランを提示していました。こうした背景もあって、中国は北朝鮮カードを使ってくるようになった。

――北朝鮮が自ら過激になったのではなく、中国が操っているということですね。

ライアン　オバマ政権が、状況主導型の軍事力配備を妨げていました。米政府の、「中国と良い関係を持たなければならない」という戯《たわ》けた態度が北朝鮮の脅威を増長させてしまった。

中国が背後で援助しなければ、北朝鮮の核開発などあり得ません。北朝鮮は中国の指示に従っているということに気付く必要があります。

――「核の脅威」の背後に中国あり、ですね。

ライアン　はい。我々は軍事戦略を、状況対応型から状況主導型に変更する必要があります。相手の出方に逐一対処している現状を変えなくてはなりません。

――主導権を握るために、具体的に何をすればいいのでしょうか。

ライアン　まず在韓米軍を日本に移すなどして、韓国の米軍依存を排除すること。現在、中国と北朝鮮によって、在韓米軍は〝人質〟にされていますが、このことが中国と北朝鮮に有利に働いている。彼らを守勢に立たせる必要があります。

――日本はまるで保護者であるかのように米軍に依存しています。

ライアン　日本に必要なのは、憲法九条の改正です。憲法九条を改正することによって、抑止力を高め、一発も銃弾を撃つことなく戦争を防ぐことができる。

朝鮮半島で戦争が再発することは、中国とロシア以外のどの国にとっても、有益なことは何一つありません。

――日本が憲法を改正して軍事的な抑止力を高めることで、平和で安定した朝鮮半島周辺の状況が生まれる。北朝鮮は、核ミサイルで「日本を海底に沈める」などと暴言を吐き、実際にミサイルの発射実験を繰り返しています。パワー・バランスが崩れ始めている。

ライアン　米国と日本、韓国、フィリピンとの合同演習を継続することも重要です。

カーター大統領は、台湾を中国に売りわたし、キッシンジャーがそれを実行した。

――キッシンジャーは、日本の頭越しに中国と手を結び、田中角栄首相が訪中する前に中国に「ワン・チャイナ」と言わせ、台湾を中国の一部であるかのように扱うことを容認してしまいました。

ライアン　キッシンジャーは、台湾を訪れたことすらありません。私は米海軍が台湾への寄港を再開すればいいと思っています。あるいは沿岸警備隊の船でもいいんです。

日本も同様のことをすべきで、海上保安庁の艦船を戦略的に使うことができます。戦略上の地理的な価値を考えれば、台湾は、三隻の攻撃型空母に相当する。

――日本のシーレーン防衛との関係でも、台湾は極めて重要ですね。

ライアン　我々はこの地域の平和と安定を望んでいます。しかし、その逆の状態にあるのが現実。希望を現実とするためには、政治的意思が必要です。

――二〇一七年十月の衆院選で、与党は三分の二以上の議席を確保しました。つまり、「民意無視の独裁者」と安倍首相を批判してきたジャーナリストが偽りの民意を喧伝《けんでん》した嘘つきだったということです。

ライアン　トランプ批判と同じ構造です。メディアは〝フェイクニュース〟を流しています。

――いずれにせよ、戦後七十余年、やっと憲法改正を議論できる出発点に立ちました。

ライアン　日本は独立主権国家です。国民を守るために、憲法の改正は必要です。

平和をもたらす日本の核武装

ライアン　かつて、ロシアの戦略部隊のトップだったエルデン将軍と話す機会がありました。

その時に、「中国は何発の核ミサイルを保有していると推定されますか」と率直に尋《たず》ねてみた。すると将軍は「我々は千六百〜千八百発と推定している」と回答された。

中国は軍事費を毎年一〇％以上という異常な伸びで増強してきている。我々のインテリジェンス情報では、中国は核ミサイルを四百発配備しているということになっていますが、四百発しかないとは到底考えられません。

中国は三千マイルに及ぶ地下トンネルを、中国全土にわたって掘っていますが、これは戦略核のためのものです。

さらに、中国に対しては、北朝鮮に対する「移動式弾道ミサイル発射台」に使われる車輌の輸出を停止するよう要求すべきです。この移動式発射台があると、我方が北朝鮮のミサイル発射地点を特定することが難しくなる。中国は、「我々は物資移動のためのトラックを輸出しただけだ」と強弁するかもしれないが、言い訳にすぎない。

――中国は意図的に北朝鮮を支援しているということですね。

ライアン　状況が悪化し、対応不能に陥る前に、対処しなくてはなりません。

さらに、北朝鮮はイランの核の実験場でもあるのです。イランのエンジニアや金が流入しています。「我々は経済制裁をしている」と言いますが、北朝鮮は経済制裁の中でも核の開発を続けてきた。

――北朝鮮は、経済制裁の影響を受けていないようですが。

ライアン　北朝鮮には、イランだけでなく、中国もロシアも援助しています。中国は「北朝鮮への石炭の輸出を停止した」と言いますが、第三国を経由して、北朝鮮に資源が流入している。

●平和は“力”で守られる

——米国の日本占領、特に憲法九条を日本に押し付けたことについて、どう考えておられますか。

ライアン　憲法九条については、マッカーサーは最初に日本側に憲法草案を出す機会を与えています。ところが出てきた草案は、明治憲法に少し手を入れた程度のものだった。

——マッカーサーが大日本帝国憲法の改正を示唆《しさ》したのは、一九四五年十月四日。東久邇宮《ひがしくにのみや》内閣の国務大臣だった近衛文麿《このえふみまろ》に対してでした。ところが、内閣が翌日倒れ、幣原《しではら》内閣が成立したので、マッカーサーは、新内閣にも憲法改正を示唆した。

この新内閣の国務大臣だった松本烝治を委員長とする憲法問題調査委員会が「松本案」を作成しましたが、これは明治憲法に修正を加えたものだった。

この試案が、翌年二月一日に毎日新聞にスクープされ、その内容を知ったマッカーサーは、三日にGHQ民生局に憲法草案の作成を命じました。

そもそも占領下で、占領軍は被占領国の憲法には手をつけてはならないと、国際法で定められています。

ライアン　私がいくつかの資料で読んだところでは、首相が不戦条項を提案したとされています。

いずれにしても、戦後七十年以上が過ぎ、日本は重要な経済大国、民主国家として西太平洋で輝きを放っている。当然にその独立主権は完全に認められるべきで、憲法九条の改正を否定する理由はありません。

——外交評論家の加瀬英明《かせひであき》先生からも、質問をお預かりしているのでお答えください。

「米国から北朝鮮への先制攻撃はあるでしょうか?」

ライアン　もし北朝鮮が、日本やグアムに対してミサイルを発射したら、我々は反撃します。

——もし発射したミサイルがグアム沖二、三十マイルの場所に着弾してもですか。

ライアン　細かい差異は別にして、大統領は一定の行動を取ります。ただ、主導権を握るために、その内容について話すことはないでしょう。

——中国への牽制として、日本の核武装は認められるべきでしょうか。

ライアン　核が拡散することは望みませんが、日本や韓国のように責任ある国が、抑止力として核を持ち、平和を維持できるならば、それは結構なことです。

——侵略的でないなら、核保有は可能ということですね。

ライアン　抑止目的ならば、核保有も地域に平和と安定をもたらします。中国がもし日本に対して軍事行動に出れば、米国の核と対峙することになる。中国に一線を越えることを踏みとどまらせている米国の核の傘は抑止力として機能しています。日本の核保有は米国の核の傘を補完する抑止力として期待します。

中国の脅威に備えよ

――次の質問に移ります。

「米国には、北朝鮮が核保有国であると認めるべきとの考えもある。どう思われますか？」

ライアン　トランプ大統領は「それは受け入れられない」と言っていますが、私も同感です。世界には、北朝鮮とイランという二つの「ならず者国家」がある。二つの「ならず者国家」が核武装することを容認することはできません。

――三番目の質問に移ります。

「米国が核攻撃を受けていないのに、韓国や日本が核攻撃を受けただけで、米国は核戦争を始めるのでしょうか？」

ライアン　北朝鮮が戦争を始めたら、米国は、その時点で北朝鮮を崩壊させるでしょう。「攻撃を始めたら、もはや国を存続させることはできない」ということを、明確にしておく必要があります。

――「攻撃を始めたら」というのは、核ではなく通常兵器による攻撃でもですか。

ライアン　金正恩と交渉することなどナンセンスで、体制変換《レジーム・チェンジ》されなければなりません。このことは、トランプ大統領と安倍首相も相互に確認ができていると思います。

――防衛に関して、率直に質問させてください。

「イージス艦が二度事故を起こしているが、訓練が足りないのではないですか？」

ライアン　二度の不運な衝突事故は、いずれも米軍の人的ミスに起因するものでした。隊員のミスで、任務遂行に万全を期していなかった。これにより十七名の水兵が命を落としましたが、オバマ政権の政策の影響もあると考えています。

――臨検をすべきでしょうか。

ライアン　不審船などが日本の脅威になるのであれば、臨検すべきです。領海や排他的経済水域の中であれば、海上保安庁による実施も可能。もっと言えば、船だけでなく、潜水艦もすべきです。

　北朝鮮の潜水艦は音がうるさいので、追尾しやすい。この点でも米軍と自衛隊、海上保安庁が協力して、抑止力を高めることが肝要です。特に対潜哨戒機《しょうかいき》とシステムで連動して、空から、海上から、さらに潜水艦によって海中からというように、哨戒能力を高め、「一線を越えて」領海に入ったら、領海外に追い出せばいいのです。そうすればロシアの西太平洋での潜水艦活動も抑止できる。

　潜水艦は、港を出た時から捕捉《ほそく》しているので、太平洋地域に入ってきたらそこで太平洋艦隊が捕捉できるようになっています。領海に入りそうになったら、どこでも即座に対応できます。

——次の質問です。

「中国は、尖閣を取りにくるでしょうか？」

ライアン　中国は当然、尖閣を占領したいと思っています。そして抑止をするには、予兆を摑《つか》んで機先を制することが重要になる。米軍と自衛隊で、尖閣で合同訓練をすれば、尖閣を護《まも》る意思と能力を中国に示すことができるでしょう。

　中国が尖閣を取れば、次は沖縄を狙うでしょう。この動きは、中国の東シナ海、南シナ海での侵略と、大きな枠組みで連動しながら実行されます。

——中国は、沖縄も中国の一部だと言わんばかりです。「琉球は、明《みん》の時代には中国の朝貢国だった」というような主張もしています。

ライアン　いずれも日本のシーレーンとなっており、その生命線を止められたら、日本は危機に陥る。尖閣周辺の日本の排他的経済水域の上に、中国が防空識別ゾーンを設定するなど、明らかに国際法を無視した行為です。

　国際仲裁裁判所が「中国の主張は認められない」と裁定しても、中国は「紙クズにすぎない」と全く意に介さない。こうした態度には、抗議を続けなければなりません。

ジェームズ・A・ライアン
一九二七年、アメリカ合衆国ニュージャージー州生まれ。米国海軍アカデミー卒業後、NATO（北大西洋条約機構）第二艦隊司令官、米国海軍国連代表等を歴任。一九八五年から八七年まで米太平洋艦隊司令官を務める。二〇一八年死去。

ふじた　ひろゆき
一九六一年、東京都生まれ。上智大学外国語学部比較文化学科中退。テレビ局、ラジオ局で海外情報の取材通訳、字幕翻訳、放送作家を担当。現在はフリーランスのジャーナリストとして日本外国特派員協会等で取材活動をしている。著書に『国体の危機』（アイバス出版）、『大東亞戦争は日本が勝った』、『戦争犯罪国はアメリカだった！』（ともにハート出版）等、ヘンリー・ストークス氏の訳書を出版。

（『ＷｉＬＬ』二〇一八年一月号初出）

平和は“力”で守られる

コロナウイルス対策もできない現行憲法

国民の命を守るための緊急権も発動できない憲法のままでいいのか

国士舘大学特任教授
日本大学名誉教授
百地 章

悪乗りの改憲論議か

二月十日現在、新型コロナウイルスの感染者は中国本土で四万人を超え、死者も増え続けている。死者数は十七年前の「重症急性呼吸器症候群」(SARS)を超えた。

このような中で、新型肺炎の発生地、中国・武漢市からチャーター機で帰国した邦人のうち二人が当初、検査を拒否したことなどから、緊急事態の対応をめぐって国会で改憲議論が起きている。

自民党の伊吹文明元衆議院議長は二階派の会合で、発症前の経過観察に強制力がないことに触れ、「公益を守るために個人の権利をどう制限していくか、緊急事態の一つの例として、憲法改正の大きな一つの実験台と考えた方がいいのかもしれない」と語った。これに反論した立憲民主党の枝野幸男代表は記者会見で「拡大防止の必要な措置はあらゆることが現行法制でできる。憲法とは全く関係ない。人命に関わる問題を悪用しようとする姿勢は許されない」と断じた

（毎日新聞／二月五日付）

また、自民党の石破茂元幹事長も、この問題で与野党の一部から憲法改正による緊急事態条項創設を訴える意見が出ていることについて「これに悪乗りして憲法（改正）に持っていくつもりはない」と述べたという（ネット版「産経ニュース」二月三日）。

ももち　あきら
1946年、静岡県生まれ。国士舘大学特任教授。日本大学名誉教授。1971年、京都大学大学院修了。愛媛大学教授を経て、1994年より日本大学教授。法学博士。専門は憲法学。元比較憲法学会理事長、憲法学会理事、「民間憲法臨調」事務局長、「美しい日本の憲法をつくる国民の会」幹事長。『憲法の常識　常識の憲法』（文春新書）、『憲法と日本の再生』『靖国と憲法』『憲法と政教分離』（以上、成文堂）、『「憲法９条と自衛隊明記」Q&A』『御代替り』『緊急事態条項Ｑ＆Ａ』（以上、明成社）など著書多数。

もちろん、枝野代表の言うように現行憲法の枠組みですべて対処できれば、それで良かろう。例えば、先の「検査」や「強制入院」については、その後、政府が新型肺炎を検疫法の「検疫感染症」、感染症法の「指定感染症」に指定したことから可能になった。

しかし、発症していない感染者は対象外であり、一時的な「隔離」にしても現行法では強制できない。となると、現行法の枠組みそのものを見直す必要はないのか。

にもかかわらず議論することさえ許されず、頭から「悪乗り」と決めつけるのはいかがなものか。国民の命よりも「改憲阻止」を優先していると言われても仕方あるまい。今後、想定外の事態が発生した場合、現在の法律だけで本当に国民の生命や安全は守られるのか、憲法改正も視野に入れて法整備を行うことこそ、改憲の発議権を有する国会に課せられた重大な責務ではなかろうか。

今回、特に問題となったのが、武漢から帰国した邦人の一時的隔離の問題であった。現在の感染症法では、二類感染症に指定された新型コロナウイルス肺炎の発症者については、一類感染症のエボラ出血熱などと違って強制的な隔離は認められていない。そのため、本人の同意により、民間のホテルや国の施設に収容されたのだが、長い隔離に不満を持つ人はいるという。

　また、横浜港に着岸した大型クルーズ船ダイヤモンド・プリンセス号でも、新型コロナウイルスの感染者が出たため、乗客・乗員約三千七百人が十四日間も船内待機を要請されたが、法律上、強制的隔離はできない。そこで検疫法に基づき診察のための停留という形を取ったようだ。

　となると、万一、無理やり施設や船を離れようとする人が出たとしても、現在の法律ではそれを阻止できないだろうし、もし強制的に隔離を続けようとすれば、憲法の保障する「居住・移転の自由」（二十二条一項）や、「人身の自由」（三十一条）との関係が問われよう。

　天然痘などの「法定伝染病」（現在の一類感染症）に罹患《りかん》した者を強制的に隔離することは、従来法律で認められており問題ない。しかし、発症前の者まで経過観察のため隔離すべきかどうか。米国、フランス、オーストラリアなどでは、中国・武漢からの帰国者について経過観察のため国の施設などに隔離したと報道されており、わが国でも改めて検討する必要があろう。

　もちろん、法律の定めも正当な根拠もないまま強制的に隔離することは憲法違反だが、例えば重篤な感染者が無理やり施設から離脱しようとしたときはどうするのか。このような場合、公益つまり多くの国民の生命と健康を守るため、明確な法的根拠はなくても離脱を阻止せざるを得ないケースも出てこよう。

　この点、現行法制ですべて対応できるとし、議論そのものに反対している人々は、どうするのだろうか。

　まさか、「超法規的措置で」とは言うまい。英国や米国のように不文の法（ロー・オブ・ネセシティー＝必要の法）の認められていないわが国では「成文法」の根拠なくして強制措置など取れない。もしそれでも強行すれば憲法違反となり、「立憲主義」を踏みにじることになるからだ。

　それゆえ、国会は速やかに現行法制度の不備や欠陥の是正に取り組むべきである。さらに、法律では対処できない想定外の事態に備えて、先進国ではすべて認められている憲法上の緊急権についても、積極的に議論を始める必要がある。

いざ改憲へ 機は熟した

田久保忠衛 評論家
百地 章 国士舘大学特任教授 日本大学名誉教授

さきの総選挙で改憲勢力は八割越え。
安倍首相も結果を出すのが政治家の仕事だ、と……

逃された好機

田久保　日本を取り巻く国際環境は絶えず変化しています。そして、その変化に対応していかなければ、国家の存亡に関わる事態を招いてしまう。それにもかかわらず、国際情勢を考慮して改憲を論じる憲法学者や政治家が少ないのが懸念されます。

百地　その通りです。二〇一五年の平和安全法制審議の際、国会に呼ばれた護憲派の憲法学者たちは、条文の解釈にこだわり、国際法や国際政治の現実をまるで無視した机上の空論に終始していた。

田久保　今まで、憲法改正の大きなチャンスが三度あった。

一回目は一九五一年、サンフランシスコ講和条約が締結された時です。独立と同時に自主憲法を制定、もしくは日本国憲法を改正すべきだったという意見は、今でも保守派を中心に主張されている。戦後復興が喫緊《きっきん》の課題だった当時の状況を考えれば、改憲が後回しにされてしまったのも仕方がないと思います。ただ、あの時が最初にして最大の改憲の好機だったことは間違いない。

二回目は、一九七九年のソ連のアフガニスタン侵攻です。アメリカのカーター大統領は、在韓米軍の撤退を選挙公約の一つとして掲げ、大統領になりました。私は当時、ワシントンに赴任《ふにん》していましたが、国際情勢にまるで通じていない大統領の登場に呆《あき》れた記憶があります。

ただ、ソ連のアフガニスタン侵攻を受け、暴力で他国を支配するソ連の性格をようやく理解したカーター大統領は、「私のソ連観は一変した」と宣言し、それまでの弱腰外交から一転、強硬姿勢に転じた。

翌月、ブラウン国防長官が来日し、大平正芳《おおひらまさよし》首相、大来佐武郎《おおきたさぶろう》外務大臣らに会って「steady and significant」、つまり「着実で顕著な」防衛努力をしてほしいと日本政府に要請しました。ところが、日本政府はアメリカの要請を真剣に受け止めなかった。日本の政治家は二国間の狭い視野で「米国の対日防衛圧力」と見ていたので、ソ連の脅威をリアルに感じることができなかったのです。

三回目は一九九一年、イラクの侵攻を受けたクウェートを、アメリカを中心とした多国籍軍が救済した湾岸戦争です。戦場に自衛隊を送ることができない日本は、多国籍軍へ百三十億ドルもの巨額の資金援助を行った。湾岸戦争終結後、『ワシントン・ポスト』の一面で、「以下の三十カ国に」と、クウェートから国際社会への御礼が述べられていましたが、その中に日本の名前はありませんでした。

長屋で火事が起きて、町内の住民が必死でバケツリレーをやっているのに、日本は少し離れたマンションからその様子を眺《なが》めている。そして、「困ったらこれでも使え」と言ってマンションから札束を放り投げたようなものです。そんなことをしていては、感謝されるわけがない。情けない国になったものです。

これまで三回も大きなチャンスがあったにもかかわらず、結局今日まで一度も憲法改正ができなかった。これは、改憲に本気で取り組んでこなかった自民党の責任です。

百地　まったくです。

四度目の正直

田久保　「平和的台頭」と称して軍事力増強を進めてきた中国の覇権主義は、尖閣諸島と南シナ海での行動により、世界共通の認識となりました。数年前には、「一帯一路」を提唱し、陸路、海路の両輪でユーラシア大陸を横断する大経済圏構想を企《たくら》んでいることが判明した。中国は、アメリカの主導するＩＭＦ（国際通貨基金）や世界銀行、日本の主導するＡＤＢ（アジア開発銀行）に対抗するべく、ＡＩＩＢ（アジアインフラ投資銀行）を設立し、自らの世界進出に利用しようとしています。

百地　二〇一七年十一月のアジア歴訪に際して、トランプ大統領はしきりに「インド・太平洋」という言葉を口にしていました。

田久保　安倍首相は、祖父である岸《きし》信介《のぶすけ》元首相から、「インドは、アジアの中で唯一日本を裏切らない国だから信用しろ」と言い聞かされてきた。著書『美しい国へ』（文春新書）で書いています。

中国は、ミャンマー、バングラデシュ、スリランカ、アフガニスタンの四カ国に労働力、資本を投入し、中国艦船の自由な出入りができる港を建設、改修している。これは「真珠の首飾り」と呼ばれる対インド包囲網に他なりません。中国の脅威という問題を共有するインドを巻き込んで、日本、アメリカ、インド、オーストラリアの四カ国で中国を牽制《けんせい》すべきという安倍首相の提案に、トランプ大統領も一口乗ったようです。

百地　今のところ、安倍首相の外交戦略と努力で、トランプ大統領の目を日本やアジアに向けさせることに成功しています。それが上手くいっている間はいいのですが、日米関係が今後も揺るがないという保証はどこにもない。いつまでもアメリカに頼るのではなく、自分の国は自分で守るという「当たり前のこと」を真剣に考える必要があります。

田久保　一九五三年、当時のニクソン副大統領が来日して、「戦力放棄を日本国憲法に明記したことは、アメリカの重大な誤りだった」と発言しました。アメリカ国内には、ニクソンのように強い日本を望むストロングジャパン派と、日本を封じ込めておくべきだと主張するウィークジャパン派が存在します。

一九九〇年、ソ連の脅威がなくなった後、米軍を沖縄に駐留させている理由を訊《き》かれた在日米海兵隊司令官が、「もし米軍が撤退したら、日本は軍事力を強化するだろう。米軍は日本の軍国主義化を防ぐ瓶《びん》の蓋《ふた》なのだ」と答えました。

この「瓶の蓋理論」は後に訂正され

ましたが、この主張は多くのアメリカ人の本音です。実際、アメリカは中国を牽制するため、「お前たちが暴れると、日本が核武装するぞ」と言い続けてきた。ただ、ウィークジャパン派の勢力はオバマ政権の頃から弱まり、今はストロングジャパン派が台頭してきました。

　トランプ大統領の政策にも影響を与える政治評論家のパトリック・ブキャナンは、「韓国のGDP（国内総生産）は北朝鮮の四十倍、日本は百倍。北朝鮮はGDPの二五％を軍事費に充てているが、韓国は二・六％。日本は一％以下」と指摘し、「中国と北朝鮮の脅威にアメリカが対応する必要はなく、日韓に責任を負わせるべきだ」と主張しています。

　トランプ政権内でも、ケリー元首席補佐官、マクマスター元国家安全保障問題担当補佐官ら政策立案者はウィークジャパン派でした。ただ、他の閣僚の中には「中国を包囲するための経費を日本、韓国、台湾にシェアさせるべき」「日本の核武装を認めるべき」という意見も見受けられる。

百地　アメリカの対日観より、日本国内のウィークジャパン派の方が問題です（笑）。

　安倍首相はかつて、「戦後レジームからの脱却」を唱えていました。私の解釈では、戦後レジームは、精神的レジームと制度的レジームの二つに分類される。東京裁判史観の呪縛《じゅばく》という前者と、日本国憲法を頂点とする後者です。日本の政治家は、憲法改正の話題になるとつい及び腰になってしまいます。与党の中にさえ、本気で憲法改正を願う政治家は少ないと思っています。自民党の国会議員といえども、精神的戦後レジームから脱却できていない。

田久保　それは深刻な問題です。広島・長崎に原爆が落とされたことに対する反応は二つに分けられます。一つは、「やりやがったな。今度同じことをすれば、同じ手段で仕返ししてやる」という怒りの反応。もう一つは、広島の平和記念公園の慰霊碑に記されているような、「自分が悪いからやられた。過ちは繰り返しません」という自虐的な反応。日本社会はいつの間にか、後者の考え方が当たり前になってしまいました。

「日本はいざとなったら命を顧みない。日本を怒らしたら大変だ」という、特攻隊が我々の世代に残してくれた「貯金」は減っていき、周辺諸国から舐《な》められる日本の現状があります。

　憲法改正が実現すれば、北朝鮮や

中国に「やっと日本が立ち上がった。日本は数年以内に本格的な軍隊をつくるかもしれない」と思わせることができる。憲法改正は、抑止力としての効果を持っているのです。他国から何を言われようと、日本は日本らしい憲法をつくり、その中で民主主義、法治主義、立憲主義という価値観を追求していけばいいと思います。

三つの基準

百地　改正できれば何でもいいというわけではありません。例えば、前文の「諸国民の公正と信義に」という文法が誤っているから、「諸国民の公正と信義を」に変更しようという提案に、おそらく誰も反対はしないでしょうが、誰も国民投票に足を運ばない（笑）。私は改憲の論点を絞り込む三つの基準を提唱しています。一点目は、国家の根幹に関わるもの。二点目は、緊急性を要するもの。三点目は、国会議員の三分の二以上の賛成、国民の過半数の賛同が得られるかという点。以上の三点を踏まえて、私が以前から主張しているのは、緊急事態条項です。

首都直下型地震や南海トラフ地震が発生した際、国家機能が麻痺《まひ》してしまう。国家の存亡にかかわる事態が今後三十年以内に起きる可能性は、七〇％と言われています。

「緊急事態条項ではなく、法律をつくれば済む」という主張もありますが、東日本大震災では法律があっても実際に役に立たなかった。瓦礫《がれき》の処理にしても、憲法二十九条が保証する財産権との兼ね合いでなかなか進みませんでした。国会が召集できないような事態が生じた場合のことを憲法に明記しておかなければならない。大規模テロや有事の際に、首相に権限を集中させることも考えられる。

ただ、テロ等準備罪の議論だけで大騒ぎした日本ですから、憲法にテロに関する規定を設けるのは難しいかもしれません。したがって、大規模災害に限定して緊急政令を出せるような規定を憲法に定めるべきではないかと思います。

そんな中、安倍首相が九条一、二項には手を加えずに自衛隊の存在を明記する案を提唱しました。意表を突いた新しい案を提示することで、停滞していた改憲議論に風穴を開けようとしたのでしょう。

田久保　安倍首相が発表した九条三項加憲案は、少し生ぬるい印象を受けました。安倍首相がトーンダウンしてしまった背景には、連立与党の公明党への配慮がある。現に、公明党は改憲に関して曖昧《あいまい》な発言を繰り返しています。

百地　私は政治家ではありませんが、一研究者でとどまっている気もありません。これまでも国会議員に陳情を繰り返してきましたし、内閣にも意見書を提出してきました。その中で、現実に政治を動かすためには、ベストでなくて、ベターでもよい。とにかく一歩でも議論を前に進めようという現実主義の視点を大切にしています。

　公明党は、二〇一七年の衆議院選挙では憲法への自衛隊明記を公約に記しています。だからこそ、安倍さんは不本意ながら、三項加憲案を提示した。この妥協案にすら反対するようでは、公明党の背信行為と言わざるを得ない。

　それに、公明党は政権与党の座は譲れないでしょうから、最終的には自民党の改憲案に一定の理解を示すのではないかと思います。実際、公明党の公約でも、「自衛隊の存在を明記する提案の意図は理解できないわけではない」と書かれていました。

　それに、公明党も改憲慎重派の議員だけではなく、北側一雄《きたがわかずお》さん、斉《さい》藤鉄夫《とうてつお》さん、遠山清彦《とおやまきよひこ》さんらは改憲に前向きな姿勢を見せています。自民党の高村正彦《こうむらまさひこ》副総裁の留任も、公明とのパイプ役を期待してのことでしょう。

田久保　九条二項を改正すべきという論調は保守派に多い。実際、私も本音では自衛隊明記だけでは物足りない。ただ、ここは理想論を押し殺してでも、第一歩を踏み出すことが大切なのかもしれません。

憲法改正の成功体験を

百地　自衛隊の名誉を守るため、私は自ら九条改正案を考えました。

　それは、「九条の二」を設けて、「前条（九条）の下に、わが国の平和と独立を守り国際平和活動に寄与するため、自衛隊を保持する」との文言を加えるものです。九条を前提にしているから、自衛隊の権限は変わりませんが、多くの国会議員、国民の疑問を生じさせることなく、自衛隊が誇りを持つことができる。

　現役の自衛官は憲法問題について発言しにくいでしょうから、元陸将や元空将の方をはじめ、元自衛官の方々にも私の改憲案への率直な意見を尋ねました。反対される方もいましたが、多くの元自衛官は賛同してくださった。実際、安倍首相が三項加憲案を提唱した際、河野克俊《かわのかつとし》統幕長（当時）も「一自衛官としては非常にありがたい」と仰いました。

田久保　三十年ほど前、沖縄で、活動家が成人式場への自衛隊員の入場を阻止したせいで、隊員を乗せたバスが一時間遅れてようやく式場に辿《たど》り着いた、というニュースを耳にしました。

当時、私の娘も二十歳でしたから、我が子のことのように激怒したのを覚えています。「自衛隊は憲法九条違反だ」と言われ続けてきた今までの境遇を思うと、まずは自衛隊違憲の余地をなくし、一日でも早く自衛隊の名誉を回復することが最優先です。

百地　安倍首相は、「憲法改正は自らの政治的使命だ」と繰り返し発言していますが、その気持ちは実際の行動にも表れています。

第一次政権では、国民投票法をつくり、憲法改正の地ならしを行った。第二次政権では、国民投票の資格年齢を十八歳以上に引き下げました。さらに、衆参両院で三分の二以上の改憲勢力を初めて実現したのも安倍首相です。また、かつて河野洋平さんが自民党の綱領から「自主憲法制定」という文言を外そうと提案した。彼は「江《こう》（沢民《たくみん》）の傭兵《ようへい》」ですから（笑）。その際、猛反対し、阻止したのも若き日の安倍さんでした。

自民党はこれまで、自衛隊の明記、緊急事態条項、教育の無償化、合区の解消という四つの論点に絞り、憲法改正推進本部で繰り返し議論をしてきました。そろそろ自民党の改正案をまとめるべき時ではないでしょうか。一度憲法改正をすることができたら、この成功体験は必ず次の力になります。改正を何度も繰り返し、日本人の手による本格的な憲法をつくっていきましょう。

たくぼ　ただえ
一九三三年、千葉県生まれ。杏林大学名誉教授。早稲田大学法学部卒業後、時事通信社に入社。ハンブルク特派員、ワシントン支局長、外信部長などを務める。九二年から杏林大学で教鞭を執る。法学博士。専門は国際政治。国家基本問題研究所副理事長。美しい日本の憲法をつくる国民の会共同代表。現在、日本会議会長。著書に『戦略家ニクソン』（中公新書）、『日本国憲法と吉田茂―「護憲」が招いた日本の混迷』（自由社　加瀬英明氏との共著）、『憲法改正、最後のチャンスを逃すな！』（並木書房）など多数。

ももち　あきら
一九四六年、静岡県生まれ。国士舘大学特任教授。日本大学名誉教授。一九七一年、京都大学大学院修了。愛媛大学教授を経て、一九九四年より日本大学教授。法学博士。専門は憲法学。元比較憲法学会理事長、憲法学会理事、「民間憲法臨調」事務局長、「美しい日本の憲法をつくる国民の会」幹事長。『憲法の常識　常識の憲法』（文春新書）、『憲法と日本の再生』『靖国と憲法』『憲法と政教分離』（以上、成文堂）、『「憲法9条と自衛隊明記」Q＆A』『御代替り』『緊急事態条項Q＆A』（以上、明成社）など著書多数。

（『WiLL』二〇一八年三月号初出）

アメリカによる“押し付け”憲法

さっさと破ってゴミ箱に捨てて下さい

ジェイソン・モーガン
麗澤大学准教授

インタビュー
江崎道朗

写真／浅岡敬史

歴史学会はじめ米国のジャーナリズムもリベラル派が牛耳っている

抜きがたい対日偏見

――このほど『アメリカはなぜ日本を見下すのか？』（ワニブックス）を上《じょう》梓《し》されました。その中で、アメリカの政治や学会、メディアが、進歩主義的なリベラル派によって支配されていると喝破《かっぱ》されています。このようなアメリカの内情を日本人はまったく知りませんが、この本をお書きになるきっかけは何だったのでしょうか。

モーガン　一年前、アメリカに帰国していた頃、「こういうタイトルで、本を書いてくれませんか」という依頼がありました。これはとても面白いテーマだと思ったのです。

アメリカの歴史は、四百年前から始まっていますが、改めて考えてみると、ある一本の線が歴史を貫いていたのです。それは日本に対する抜きがたい「偏見」です。

――アメリカ人の考え方のベースに

あるのが、一つは「ピューリタニズム」。他者をまったく認めずキリスト教化していく。それともう一つは「南北戦争」ですね。北部を中心としたアメリカ連邦政府に対して反乱した南部の人間を徹底的に潰す。「異論」を認めない排他的な性質が根底にあると、指摘されていますね。

モーガン　最近、アメリカの保守系の雑誌に短い論文を発表しました。

　南北戦争後、アメリカ連邦政府がとった「南軍と日本」に対する態度には、共通点が多い。勝っただけではダメなのです。敵を抹殺しなければ気が済まない。

　これは大変恐ろしいことですが、ネイティブ・インディアンに対しても同じです。「自分たちの側だけに正当性がある」、これがアメリカ連邦政府＝ヤンキーの考え方です。

　これから書こうと思っているアイデアが一つあります。タイトルは『The Yankee Way of War』。ヤンキー＝アメリカ連邦政府は、戦争をすると、常に相手を徹底的に滅ぼそうとするという内容です。

――原爆投下も同じ発想ですね。ただし、アメリカ共和党系の保守グループや、キリスト教関係者の間には、原爆投下について否定的な声もあった。つまり、アメリカの中には、相手の立場を考えるグループもいるんですね。

モーガン　昔のアメリカ保守派は、原爆投下を強く批判しました。無罪の人々を大量虐殺するのは、キリス

ジェイソン　モーガン
1977年、アメリカ合衆国ルイジアナ州生まれ。麗澤大学准教授。日本史研究者。テネシー大学チャタヌーガ校で歴史学を専攻後、名古屋外国語大学、名古屋大学、中国昆明市の雲南大学に留学。その後、ハワイ大学大学院で、東アジア学、特に中国史を専門に研究。卒業後は、韓国の慶尚北海英陽郡で英語教師として滞在。再び日本に戻り、翻訳や講演活動に従事。2014～15年、フルブライト研究者として早稲田大学法務研究科で研究。16年にはウィスコンシン大学で博士号を取得。現在、一般社団法人日本戦略研究フォーラム上席研究員。

ト教の立場からすれば許されざる行為です。

ところが、今の保守派は、原爆投下を正当化する方向へ傾きつつあります。「アメリカは間違った行為を決してしない」と居直っている。

――アメリカは第二次大戦後、リベラルの人たちが、学校教育やメディアを席巻するようになり、「F・ルーズベルト大統領の政策や戦略はすべて正しい」と評価されるようになりました。

原爆投下についても、ルーズベルト、トルーマン両大統領の選択は正しかったという戦勝史観、東京裁判史観が、アメリカ全体に行きわたってしまった。もっとも当時のアメリカ保守派には、ルーズベルトを批判していた人たちがいたのですが、そういう話が現在の保守派の人々の間に継承されていないように感じるのですが。

モーガン　その通りだと思います。

私は「歴史の再審」をテーマに研究しています。ウィルソン大統領はアメリカが第一次大戦に参戦するとき、ウソをつきました。「民主主義のために」アメリカは参戦すると表明していましたが、実は人気取りのため、アメリカの世界的地位向上のために参戦を決めたのです。

戦後、そのウソを見破ったのが、歴史の再審論者です。たとえば、チャールズ・ビアードやハリー・エルマー・バーンズなど。彼らは歴史を事実に基づいて考え直す学問の英雄として扱われました。ところが、徐々に軍部が学問の世界を制圧するようになり、結局、歴史の再審論者は学会から追い出されてしまったのです。

ルーズベルトの歴史的意義や解釈について、今やリベラル派が完全に牛耳《ぎゅうじ》っている。

米歴史学会は〝羊の群れ〟

――アメリカの歴史学会では、ルーズベルトの政策を見直すこと自体がNGになってしまっている。学問の自由がない状態になっていると言えませんか。

モーガン　「ない」というよりも、その自由がないことさえ気がついていません。自由に歴史をとらえず、自ら考えなくなったことさえ判別できないのです。

ですから、私のような歴史学者が現れたことに対して、警戒心を抱いている人が多い。歴史修正主義者《リビジョニスト》のレッテルを貼られて「ホロコーストの歴史的事実を否定している」と言われたことさえあります。そのような極端な考え方にすぐ走ってしまうのが、現在のアメリカ歴史学会なのです。

　慰安婦問題が話題になったときに、アメリカ側が日本に対して「学問の自由を守れ」という〝上から目線〟の態度を取りました。でも、私からすると、そのような態度は本当に腹立たしいことです。日本のほうがずっとマシですよ。

えざき　みちお
一九六二年、東京都生まれ。九州大学卒業後、月刊誌編集、団体職員、国会議員政策スタッフを務め、安全保障、インテリジェンス、近現代史研究に従事。現在、評論家。二〇一四年五月号から『正論』に「SEIRON時評」を連載中。著書に『コミンテルンとルーズヴェルトの時限爆弾』（展転社）、『アメリカ側から見た東京裁判史観の虚妄』（祥伝社新書）ほか多数。

――「守っていないのは、お前たちのほうだろう」ということですよね。

モーガン　「己の足下を見ろ」と言いたい（笑）。

　私は、アメリカ歴史学会は〝羊の群れ〟だと思っています。羊は何も考えず、行きたいところに行きます。アメリカ歴史学会も何も考えずに、ただ一番偉い羊のあとに従っているだけなのです。どうしたら一番偉い羊になれるのかというと、「一番考えない人」になることです（笑）。

――アメリカでは、政治に関していえば民主党と共和党が存在し、経済学を含めて、「事実」に基づいて議論できる雰囲気がある。ところが歴史学会はまったくダメです。アメリカのメディアが左派系しかないことも知られていません。アメリカ大手メディアのCNN（Cable News Network）など、いまや別名で「Communist News Network」とも言われています。アメリカの友人は、クリントンびいきの報道ばかりするということで「Clinton News Networkだ」と言っていましたけどね（笑）。

モーガン　今やCNNは左派のプロパガンダ機関に成り下がっています。

――両論を紹介するアメリカのメディアは「FOX TV」くらいでしょうか。

モーガン　新聞で言えば、「ワシントン・タイムズ」がマシなほうです。あとは、どうでしょう（笑）。テレビはアウトですね。

——そんな状況下にあるのに、我々日本人はアメリカのメディアやテレビの報道を見て、「アメリカはこう思っているんだ」と素直に受け取ってしまう。それがいかに危険なことか、警鐘を鳴らすべきだと思います。

モーガン　その通りです。アメリカでは最近「大学は気が狂っている人たちの集まりではないか」と言われています。

　日本には、アメリカの学会を尊重している学者が多いようですが、すべてを鵜呑《うの》みにするのは非常に危険ですよ。

——「異論を認めない」というアメリカのサヨク・リベラルの風潮の中で、モーガンさんは、ルーズベルト史観というか、東京裁判史観の問題点をはっきりと述べている。私は「奇跡《ミラクル》」のような存在だと思っていますよ。

モーガン　アメリカ歴史学会からすると、私の存在は「悪夢《ナイトメア》」です（笑）。

アメリカ新左翼の暗躍

——私はアメリカの軍関係者と話す機会がありますが、彼らと話をしていると、さまざまなことが見えてきます。

　たとえば、中国は、アメリカで徹底した反日宣伝をしていて、その狙いは日米分断ですが、そうしたインテリジェンス・ウォー（情報戦）にジョン・ダワーを含めた新左翼の学者たちが協力している。

　そういう状況に対してアメリカ保守派の人たちは、慰安婦問題や南京大虐殺について対抗策を講じなければいけないと感じ始めています。

モーガン　慰安婦問題が勃発《ぼっぱつ》したときに、日本は誠意をもって議論すれば、韓国側は納得すると思ったのですが、事実のウラにある情報戦の存在を、日本政府の人たちはまったくわかっていません。この情報戦は、現在も継続中です。

　このことに関して、中国は重要な役割を果たしていると思いますが、私は慰安婦問題や南京事件は問題の本質ではないと思っています。モグラたたきのように、さまざまな事件や問題が取り上げられますが、それは「目隠し」として使われているだけ。本当に考えなければならない問題は共産党や新左翼の連中の情報工作です。

——そういう問題のバックにはアメリカの新左翼の連中がいて、それと組んでいるグローバル推進派がいる。さらにその後ろに中国がおり、

米国の「大嘘」を、新進気鋭の若手アメリカ歴史学者が喝破。日本が新しい一歩を踏み出すための必読書

『アメリカはなぜ日本を見下すのか？』（ワニブックス）

アメリカで反日キャンペーンを繰り広げている。この構図を理解しないといけませんよね。

私はアメリカの軍関係者に、ずっと事実を訴え続けてきました。徐々にですが、彼らも正しい認識を持ち始めています。ルーズベルトの時代と同じく、政権やメディアは左翼に牛耳られていますが、軍やＦＢＩの中には、反日宣伝に対して警戒心を持つ人たちもいます。

モーガン　私はいつも一人で戦っているような感じですよ。

保守派が多く所属するフィラデルフィア・ソサエティに二回行ったことがあります。アメリカ合衆国憲法の起草者たちの政治思想や哲学を尊重する人（原理主義者）たちのたまり場です。そこで日本の問題について議論しようとしたのですが、アンチジャパンの考え方がとても激しかった。

――この二十年、韓国や中国側の反日宣伝が広く行きわたってしまったので、すぐに考え方を変えさせるのは難しいということですね。

であるからこそ、まずはルーズベルト政権やアメリカ共産主義の問題を糸口にして、保守派とコンセンサスを結ぶべきではないでしょうか。

モーガン　アメリカ政府やメディアなどに共産党の戦略について話題を振っても「そんなことはあり得ない」と激しく抗議されてしまうので、困ったものですよ。歴史学会だけではなく、保守派の仲間でも、共産党やコミンテルンの話をすると「陰謀説はやめなさい」と言われます。

正しく認識している人たちもいるにはいますが、それほど多くありません。

私の父は、その一例だと言えます。父は保守派です。共産党の連中がどれだけルーズベルト政権を取り込んできたか、という話をすれば納得してくれます。でも、普通のアメリカ人にこの話をして納得してくれるかというと、難しいと言わざるを得ません。

――そうでしょうね。ルーズベルトは経済的に沈没寸前だったアメリカを救った英雄であり、第二次世界大戦の英雄です。残念ながら、「ルーズベルト神話」はいまだに根強いと思いますが、一九九五年にソ連のスパイの記録である「ヴェノナ文書」がアメリカ政府の手で公開されたことを受けて、「ルーズベルト神話」を批判する本が次々に出版されるようになってきています。

モーガン 私の父はルーズベルトが大嫌いで、共産党がルーズベルト政権を赤く染め上げたことにも賛同しています。でも「ルーズベルト政権を批判することは、あまり実りがない」とも言っています。これは一般的な保守派の考え方だと思います。

――「実りがない」というのは、ルーズベルト批判をしたところで現時点では、それほど理解者を得ることができない、という意味ですか。

モーガン そうです。「そこには触れず前向きに考えていくことが一番確実だ」と、父はとらえています。でも、私はゼロからアメリカの歴史学を再構築しないと、何も解決できないと思っています。

オバマはノーベル賞を返上せよ

――オバマ大統領が、広島を訪問しました。それについて、どうとらえていますか。

モーガン 私の解釈ですが、オバマ大統領は原爆投下を政治の道具として使っていると思います。謝罪の心を込めて広島を訪問したのではなく、自分のレガシー（政治的遺産）のためでしょう。これは広島に対する侮辱ですよ。とても許せない行為に映りました。

オバマ大統領は歴史に無関心で、自分のことしか関心がないのです。アメリカ軍の元大佐から、「あなたはオバマ大統領を批判しすぎている」と指摘されましたが、ノーベル平和賞は返上すべきでしょう。

――私も同意見です。オバマ大統領は自分のレガシーのために広島に行ったのでしょう。「自分にはアジアの血が流れている」ことをアピールし、白人に対して嫌がらせができます。また、「どうして謝るんだ。それなら、真珠湾攻撃をした日本をもっと謝罪させるべきだ」とアメリカの保守派を怒らせたのは計算済みです。なおかつ、日本の保守派には「オバマ大統領はいい人だ」と印象づけた。オバマ大統領からすれば一石四鳥で

ウィルソン大統領(右)のウソは見破られたが、ルーズベルト(左)神話は根強い……(写真提供〈右〉: UIG／時事通信フォト)

しょう。

ただ、同じアジア人の血が流れている者として、広島の原爆犠牲者に対して多少の同情心はあったのではないでしょうか。

モーガン　それを一言でいえば「良心的に考える」――これが今後の日米間の関係を保つためにはポイントになると思います。

すでにアメリカにおいては「良心的に考える」という態度は絶滅寸前で、「力＝正義」という考え方が蔓延しています。これはネオコン・リベラルの思想が、アメリカにおいていかに勝利を収めたか、という証しでもあるのです。

アメリカの強大な力を使い、世界中をアメリカナイズする。恐ろしい考え方ですが、政府、メディア、教育現場などでは一般的な考え方になっています。

しかし、健全なアメリカのキリスト教徒は正反対の考え方をしています。それは自分自身の罪を償《つぐな》った上で、相手を批判するという謙遜の態度です。そこに「良心」は残っています。しかし、アメリカ政府からは良心が失われている。

――モーガンさんが学生時代、来日できたのは、フルブライト留学生だったからでしょう。ジェームズ・W・フルブライト自身が、もともと原爆投下に対して良心的な痛みを感じていました。そこで日米交流のためにファンドをつくり、日米の若者を育てようとしました。フルブライトは民主党員でしたが、良心があったわけです。

こういう道徳的感受性は、左翼とネオコンサバティブの二つの勢力によって殲滅《せんめつ》させられてしまった。こういう状況の中で、どのようにしてアメリカを立て直していくのか。

モーガン　もう一つのポイントは、一九六〇年代に隆盛を極めた「セクシャル・レボリューション（性の革命）」によって、アメリカ人の道徳心が侵食されてしまったことです。侵食され、どんどん空洞化が進み、最後には崩落してしまう。これがここ

広島平和記念公園で演説する米国のバラク・オバマ大統領。この行為は「自分のレガシー」のためだったのか（写真提供：時事）

数十年で急速に起こっている現象です。人間としての付き合い方が百八十度変わってしまったのです。

——古き良き保守の考え方が、アメリカにおいて存在しなくなってきつつあるのですね。

モーガン　これは誰かがウラで操っているとしか思えません。

日本国憲法は〝日本の恥〟

——ジェンダーの問題にしてもそうです。日本人からすると、男女の問題は国によって違うのだから、余計な口出しをするなと言いたいところですが、アメリカ政府はいろいろ文句を言ってくる。

一方で、中国に対しては口を閉ざしたままです。その理由の一つに経済の問題があるからでしょう。中国はそんなアメリカの態度を見て、「俺たちの文明圏の話だから放っておいてくれ」と強気に出ている。そういう構造の中で、アメリカ政府の今後の振る舞い方はどのようになっていくでしょうか。

モーガン　アメリカは、これまで弱い国をひたすら苛《いじ》めてきました。これは新帝国主義的な発想で、私から見ると恥ずかしく思います。ジェンダーに関していえば、たとえば、アフリカに対して「ジェンダーの考え方を変えなければ経済援助をしない」と言う。相手は、もちろん抵抗します。伝統的な考え方を尊重すれば、当然そうなるでしょう。

一方で、中国に対して、アメリカは態度を保留し続けています。この意図がどこにあるのか、まだわかりません。私の関心も中国に向き始めています。北朝鮮が弾道ミサイルを頻繁に発射していますが、正気の行動とは思えない。

今後は、アメリカにおいて中国とどのように関係を築いていくかが問題になるでしょう。

そもそも日本は現行憲法自体がダメです。こんなものはさっさと破ってゴミ箱に捨てた方がいい。この憲法の正体は、アメリカがつくったものです。一方的に押し付けられたメイド・イン・アメリカの〝支配計画書〟であり、ただの不平等条約ですよ。現在まで、この憲法が続いているという事実は、率直に言って〝日本の恥〟です。

この憲法を捨てない限り、「戦後」は永遠に終わりません。

（『WiLL』二〇一六年十一月号初出）

自衛隊に名誉を

旭日旗拒否は言語道断!

旗とは「誇り」――プライドを捨ててまで観艦式に出向く必要はない

河野克俊
前統合幕僚長

平成三十一年四月一日、市ヶ谷の防衛省で河野克俊統合幕僚長の離任式が行われた。

平成二十六年十月の就任以来、河野氏は自衛隊制服組トップとして北朝鮮のミサイル発射、中国の海洋進出などの対応にあたった。異例ともいえる三度の定年延長、四年半にわたる歴代最長の在任期間は、安倍首相から厚い信頼を得ていた証拠にほかならない。その一方で、持ち前の風貌と体格、いかなる事態にも動じない対応力から、ついた愛称は「ドラえもん」。

そんな河野氏が、本誌に四十二年の自衛官人生を語った。

冷ややかな視線

昭和四十八年、私は防衛大学校に入校しました。昭和四十三年に東大闘争、四十五年に三島事件、四十七年には連合赤軍事件やあさま山荘事件が起こりました。そんな時代ですから、自衛隊に対する国民の視線は非常に冷ややかでした。そして防衛大学校在学中、自衛隊は違憲とする長沼判決が出されました。

憲法学者の大多数が自衛隊の憲法九条違反を唱えるなか、高田《たかだ》渡《わたる》さんの「自衛隊に入ろう」という曲が流行っていました。どちらかと言えば、自衛隊を揶揄《やゆ》する歌でした。

今でこそ隊員の「顔」が見えるようになり、国民は自衛隊という組織に親しみを感じています。ところが、かつて自衛官は何を考えているかわからないと思われていました。国民にとって自衛隊は、果てしなく遠い存在でした。したがって、当時は自衛隊を動かすことは政治的リスクをともなう決断だったのです。

4月1日、市ヶ谷・防衛省で行われた離任式にて（写真撮影：福田正紀）

ワンパターンの論理

戦後初めて自衛隊を海外に派遣するかどうかの決断を迫られたのは、一九九〇年の湾岸危機だったと思います。イラクのクウェート侵攻を受け、米国のブッシュ大統領が多国籍軍を組織し介入することを決めました。このとき、日本も米国から協力を要請されました。「人的貢献」と言われ出したのもこの頃からです。

自衛隊の国際貢献について議論になったとき、よく言われたのが「いつか来た道」「アリの一穴」「軍靴の足音が聞こえる」といったフレーズです。「自衛隊を海外に出せば、何をしでかすかわからない」というような、戦前の軍のイメージとだぶらせる漠然とした不信感があるのだと感じました。いくら説明しても信じてもらえない絶望感に苛《さいな》まれたのを覚えています。

二〇一五年に平和安全法制が議論された際も、法案に反対する一部の人たちは、「日本を戦争のできる国にするのか」『地球の裏側で自衛隊が戦争を始める」などと言っていました。昔と変わらず、ワンパターンの論理で国民を扇動しているのです。

もちろん、法案の中身の不備を突く議論は歓迎します。しかし、むやみやたらに非現実的な不安を煽る声が聞かれることも事実です。現実を直視したうえで、議論を深めてもらいたいと思います。

一方で私は、旧日本軍の良き伝統は継承すべきだと考えています。

だから、というわけではありませんが、私の離任式は「海軍式」で執り行うことをお願いしました。「軍艦マーチ」『蛍の光」が流れるなか、「帽振れ」で仲間たちに別れを告げることができました。

転機が訪れたのは、一九九一年でした。海上自衛隊の掃海部隊に、ペルシャ湾での機雷除去任務が与えられたのです。

自衛隊がペルシャ湾で任務を黙々とこなすなかで、国民にそれまでの認識を変えてもらったように思います。いま振り返れば、ペルシャ湾派遣が後のＰＫＯ協力法への道を開き、ひいては自衛隊が海外で活躍する現在があるのだと考えています。

そして二〇一一年、東日本大震災が起こりました。大変不幸なことでしたが、そこでの救助・救援活動によって自衛隊が国民に高く評価されたのは事実だと思います。ただ「冬の時代」を知る私としては、厳しい視線に晒《さら》されながら黙々と仕事をこなしてきた数十年の積み重ねこそ、国民に信頼される自衛隊の礎《いしずえ》を築いたのではないかと思っています。

「一自衛官としてありがたい」

戦後の日本は、憲法九条と自衛隊の「矛盾」を未解決のまま引きずってきました。まさに〝戦後レジーム〟の象徴といえるでしょう。憲法九条の制約から、自衛隊は戦力以下、警察力以上という地位に置かれています。憲法九条の「陸海空軍その他の戦力」

には当たらないと解釈されているため、我々が保有するイージス艦やBMD（弾道ミサイル防衛）は、日本においては戦力とみなされません。

以前は戦車を「特車」と呼んでいましたし、今でも歩兵は「普通科」、工兵は「施設科」、砲兵は「特科」と言っています。海上自衛隊の、かつて戦艦や駆逐艦と呼ばれたものは全て「護衛艦」で統一されています。

そんななか、二〇一七年五月に安倍総理が憲法九条改正案を提示します。九条一項と二項はそのままに、自衛隊の存在を明記する条文を付け加えるというものです。

その直後、私は外国特派員協会から講演を依頼されました。当然、事前の打ち合わせでも安倍総理の「自衛隊明記案」について感想を聞きたいと言われました。このタイミングで、自衛隊トップが何も言わないのは逆に不自然ではないか――そう思い、私なりの考えを表明するに至ります。

ところが、「自衛官は政治的活動に関与せず」と法律に定められているので、どう表現すればいいか悩みました。当然、公的立場である「統幕長として」発言することはできない。そこで、「一自衛官として」と前置きしたうえで「自衛隊の根拠規定が憲法に明記されることになれば、非常にありがたい」と言いました。

私の発言は政治的発言とされ、一部メディアから批判されました。ですが、決して安倍総理が示した改憲案についてコメントしたわけではありません。「国会で発議され、国民投票を経て、自衛隊が憲法に明記されれば嬉しい」という、あくまで〝受け身〟です。いま振り返っても、何ら問題はなかったと確信しています。

命のリスクを負ってでも

自衛隊が政府中枢に近づかないことが「文民統制」だという考えがあり、つい最近までこの考えが主流だったと思います。そのためか、歴代統合幕僚長が在任中に官邸を訪れるのは着任と離任のときくらいでした。

しかし私は、制服の見解を政治に直接伝えて総合的な観点から判断を仰ぐというのが本当の「文民統制」だと思います。

他国が日本の主権や国民の生活を脅《おびや》かしたとき、自衛隊は出動します。平和安全法制にしてもPKO協力法にしても、「自衛官は安全に活動しなければならない」「自衛官にリスクを負わせてはならない」という前提で議

論が進められました。しかし自衛隊の精神基盤は、国民の代わりに命のリスクを負ってでも、与えられた任務を遂行することです。

一般国民は、生活に直結する経済問題や社会福祉について強い関心を払っています。対照的に、防衛問題はなかなか身近に感じることができないと思います。ですが、政治家を選ぶのは国民にほかなりません。つまり、文民統制の大本は国民です。真の文民統制のため、防衛について議論していただきたいと思います。

強固な日米の絆

四年前に議論された平和安全法制によって、日米関係が大きく前進したことは言うまでもありません。

例えば一定の条件下で、自衛隊が米艦船、航空機を防護できるようになりました。従来の「米国は日本を守ってくれるけど、日本は米国を守ることができない」片務的な関係から「真の同盟」に近づく、大きな一歩でした。

四年半の任期を通じて、日米の絆がより深まったと自負しています。米国のカウンターパートは、ハリー・ハリス太平洋軍司令官とフィリップ・デーヴィッドソン海軍大将、そして米軍トップのジョセフ・ダンフォード海兵隊大将でした。彼らとは緊密に連絡を取り合いました。特に日本人の母親を持つハリス氏はたいへんな親日家で、防衛省や議員会館で働いた経験もある奥さんとともに、プライベートな付き合いもしています。

朝鮮半島の緊張が高まった折、米

軍は日本海に三個空母機動部隊を展開し、日米共同訓練が実施された。確固たる日米同盟を示すことで、北朝鮮に対して強いメッセージを送ることができたように思います。

近年は、「いずも」型（ヘリコプター搭載）護衛艦をインド洋や南シナ海に派遣しています。安倍首相が提唱する「自由で開かれたインド太平洋構想」において、米国のみならずインドや豪州、ＡＳＥＡＮ（東南アジア諸国連合）諸国と連携を強化することは、地域の平和と安定のために必要不可欠です。自衛隊には、今後も変わらず重要な役割を担うことを期待しています。

韓国の非礼

米国との関係は強化される一方、残念ながら友好国である韓国との関係は芳《かんば》しくないのが現実です。

昨年十月に開かれた国際観艦式で、主催国の韓国は招待国に、韓国と自国の国旗だけを掲げるよう要請しました。事実上、自衛艦旗である「旭日旗」自粛を求めるものだったことは明らかです。

各国軍隊は、シンボルかつ誇りともいえる旗の下に団結し、時には命を懸けて任務にあたる。自衛艦旗を拒否するなど言語道断です。自衛隊がプライドを捨ててまで観艦式に出向く必要はないと考えました。

また二〇一八年十二月には、レーダー照射事件が世間を騒がせました。自衛隊のＰ１哨戒機に対し、韓国海軍の駆逐艦が火器管制レーダーを照射したのです。

相手は友好国の韓国だったので、

最初は誤操作だろうと思いました。ところが後に、数分間、数回にわたるものだったことが判明しました。何の落ち度もない隊員が危険に晒された以上、見過ごすわけにはいきません。

韓国は当初、捜索のためレーダーを照射したと主張していましたが、徐々に主張は二転三転し、最終的に「日本が低空飛行で威嚇した」と責任転嫁まで始めました。

北朝鮮問題を考えると、レーダー照射問題を日韓ですみやかに解決したいと願っていましたが、韓国側が最後まで非を認めなかったのは残念でした。

築城十年、落城一日

内閣府の調査によると、いまや自衛隊に対して「良い印象を持っている」と答えた人が九割を超えています。「最も信頼できる公的機関」を尋ねたアンケートでも、自衛隊がトップでした。

私は足掛け四十年以上にわたって自衛隊に身を置いてきました。つまり、自衛隊に対する風当たりが強い時代と国民に評価される時代、その両方を知っています。

築城十年、落城一日——厳しい時代に先輩が頑張ったから現在の自衛隊がある。その歴史を肝に銘じて、隊員が訓練・任務に邁進することを願っています。

かわの　かつとし
一九五四年、北海道生まれ。防衛大学校二十一期卒業後、海上自衛隊入隊。第三護衛隊群司令、佐世保地方総監部幕僚長、掃海隊群司令、護衛艦隊司令官、統合幕僚副長、自衛艦隊司令官、海上幕僚長を歴任。二〇一四年、第五代統合幕僚長に就任。二〇一九年、退官。

（『Ｗ・ｉ・Ｌ・Ｌ』二〇一九年六月号初出）

附 河野克俊統合幕僚長 離任の辞

私は、本日をもって統合幕僚長の職を辞し、四十二年間にわたる自衛官人生の幕を閉じます。防衛大学校を含めると四十六年間にわたる自衛隊生活でした。

私は昭和四十八年に防衛大学校に入校しましたが、当時は自衛隊に対する世間の目はまだ厳しく、時にいわれなき非難を浴びることもあった時代でした。しかし、今日では自衛隊は国民が最も信頼を寄せる公的機関であり、ほとんどの国民が好感を寄せる組織になりました。我々が歩んできた道は決して間違ってはいなかったのです。

しかし、国民からの信頼は一朝一夕に得られたものではありません。自衛隊創設以来の先輩の血と汗と涙の上に築かれたことを決して忘れてはなりません。一方で、信頼は一瞬で崩れ去るものでもあります。「築城十年、落城一日」との格言もあります。慢心することなく常に謙虚な心を忘れず、同時に防衛省・自衛隊の一員であることに誇りと自信を持ち続けてください。

私は、自衛隊にとって変革の時代にその自衛隊に身を置くことができたことを幸運だったと感じています。本当に充実した自衛官人生でした。

湾岸戦争時の米国統合参謀本部議長だったコリン・パウエル氏は、その著書の中で次のように述べています。「仕事には必ず無私の心で尽くすこと。自分本位で仕事をしてはならない。そして、退職記念の金時計やプレートは、にっこりと感謝の心で受け取り、放り出される前に自ら列車を降りる。飲み物でも持って日陰に座り、自分が乗ってきた列車が走り去るのを見送ったら、新しい列車に乗って新しい旅を始めればいい」

まさに、今の私の心境そのものです。本日をもって私は自衛隊という列車を心置きなく降り、後を皆さんに託します。皆さんはこの列車に乗って国民に寄り添う自衛隊としてさらに前進してください。そして素晴らしい祖国「ニッポン」の国益を守り抜いてください。皆さんの活躍を大いに期待しています。私は、これからは自衛隊の外から皆さんを応援していきます。

最後になりますが、統合幕僚長としての四年半の勤務において皆さんと一緒に仕事ができたのは私の一生の宝物です。これまでの皆さんの献身的な支えに心から感謝の意を表して、退官にあたっての挨拶とします。

自衛隊に名誉を

腰抜け憲法だから
ナメられる

田母神俊雄
元航空幕僚長
西村眞悟
元衆議院議員

「過ちは繰り返さない」と刻まれている広島の原爆慰霊碑は平壊にやれ!

ミサイルを呼び込む憲法九条

田母神　ミサイル発射に続けて核実験を強行した北朝鮮の傍若無人なふるまいに対して、我が国は憲法を改正して、国家として自立するチャンスが到来したと認識すべきです。防衛力を増強して、今こそ核武装すべき好機だととらえる必要がある。日本政府は北朝鮮を攻撃する能力を持たなければいけないと、はっきり言わなければいけない。

ところが、北朝鮮の行いはけしからん、許せないと言うだけだ。許せないなら何をすべきか、ということは相変わらず何も出てこない。

西村　話し合いをするんです(笑)。

田母神　「お前、言うこと聞かないから、話し合うぞ!」と言っているだけでしょう(笑)。

西村　北朝鮮のミサイル発射でマスコミは騒いだけれど、滑稽なのは今さら日本の上空を飛んだとビックリしていること。

ところが実は、ミサイルを日本に呼び込んでいるのは「憲法九条」です。

地対空誘導弾ペトリオット（写真：朝雲新聞／時事通信フォト）

日本の上空はミサイル飛ばし放題の「快適な回廊」なんです。なぜなら日本は絶対に反撃しないから。
　オホーツク海でもなく、黄海でもなく、グアム、サイパン方面でもない。そんなところに着弾させたら、ロシア、中共、アメリカが黙っているはずがない。どんな報復をされるかわからない。北朝鮮の狙いは、安心してやりたい放題ができる日本の上空だ。この認識がまったく欠落しています。

田母神　そもそも日本のとるべき態度についての議論がない。これは、総理が靖國参拝をできない情けない現状に通じるものがある。参拝しないのは中国や韓国が文句を言うからでしょう。だけど、他国が何か言うから参拝できないとなると、結局、日本は文句を言えば必ず折れると受け止められる。
　二〇一七年八月十五日には一人の閣僚も靖國参拝をしなかった。ところが十六日に、小野寺防衛大臣、河野外務大臣（ともに当時）がアメリカのアーリントン墓地まで行って献花している。自国の英霊のお参りをしないあなたたちの精神構造はどうなっているのかと問いたい。こんな〝為体《ていたらく》〟でいくら抗議の声を上げようが、どうせ日本は圧力をかければ必ず屈すると思われたってしようがないですよ。

西村　ミサイル発射や核実験に対して意味もなく騒いでいるだけです。

結論的なことから言えば、世界史の大流として中国共産党独裁体制と北朝鮮の暴力的独裁体制は必ず崩壊する。ただ、崩壊の途上で、あの三代目の太った独裁者に核を撃たせるか、撃たせる前に崩壊させるかだけです。わが国にそのカードがゆだねられている。日本が率先して敵ミサイル基地、金正恩の指揮命令系統を破壊できないとすれば、アメリカがやるでしょう。安倍首相とトランプ大統領が何度も電話会談をしている。「斬首作戦」の話は当然しているでしょう。このまま、ただでは済まないと思いますね。

田母神　おそらく金正恩を急襲して抹殺することまでアメリカは考えているでしょうね。北朝鮮は必死に守ろうとするから、チャンスは限られるでしょうが。

にしむら　しんご
1948年、大阪府生まれ。京都大学法学部卒。弁護士を経て93年、衆議院初当選。以後、拉致被害者救出に取り組み、また尖閣諸島魚釣島に国会議員として初上陸・視察を行った。防衛政務次官、衆議院懲罰委員長、拉致議連幹事長などを歴任。著書に『中国の恫喝に屈しない国』(ワック)、『国家の覚醒　天壌無窮、君民一体の祖国日本』『国家の再興』(ともに展転社)、『支那討つべし　西村眞悟が「歴史に学ぶ」』(K&Kプレス)などがある。

〝核が持てる国〟日本

西村　日本独自に北朝鮮のミサイル基地を叩くことはできるのですか。

田母神　基地上空まで飛んでいくことはできます。でも攻撃目標を定めて、そこに何発撃ち込むかということになると難しいのでしょう。というのも、攻撃するときに〝ターゲッティング〟というシステムがあるんです。「どの目標に、何発ミサイルを撃ち込むか」ということです。

　それにはまず「詳細な地理情報」が必要となる。さらに「脆弱性情報」——何発ミサイルを撃ち込んだら、狙った対象物を破壊できるかという情報です。日本はその情報を持っていない。これがあって初めて攻撃計画がつくれるんです。

ところが、自衛隊がその情報収集をやると必ず「〝攻撃準備〟をしている」という議論になって実行できない。国会などで野党に追及されると、自民党は関係者を処分するとかいうバカな対応をしてきた。計画段階でつぶされる。どこの国の軍隊でも敵性国家の情報収集はやっているんですよ。ターゲッティングの情報を事前につかむのは軍事上の常識です。それがないのは日本だけ。

政治が防衛には情報収集が必要だという判断をすれば、自衛隊はいくらでもできる。能力はあるんです。

たもがみ　としお
1948年、福島県生まれ。防衛大学校卒業後、航空自衛隊入隊。航空幕僚監部装備部長、統合幕僚学校長、航空総隊司令官を経て、2007年、第29代航空幕僚長に就任。08年、懸賞論文の内容が政府見解と異なるとして職を解かれ、同年11月に退官。現在は、危機管理、政治、国際情勢分析の専門家として、講演、著作活動を行う。著書に『自らの身は顧みず』『不徳を恥じるも私心なし　冤罪獄中記』（ともにワック）、『田母神塾』（双葉社）などがある。

西村　今回の核実験に対しても、だれも触れない部分がありますね。「核拡散防止条約　第十条」です。

「各締約国は、この条約の対象である事項に関連する異常な事態が自国の至高の利益を危うくしていると認める場合には、その主権を行使してこの条約から脱退する権利を有する」

つまり「危うい時には核を持て」と書いてあるわけです。いまイスラエルとわが日本だけが、この条約十条の要件に合致する〝核を持てる国〟なんです。政治家はここに着眼しなければならない。ところが政府はなにをやっているのか。情報収集といっても現状分析をする程度のものでしょう。そしてどうするかと言えば、断固抗議して、話し合おうと呼びかけるんでしょう（笑）。この繰り返しじゃないですか。

田母神　核を持とうという意志なんて微塵《みじん》もない。核武装をしている方が絶対安全なんです。日本は議論が倒錯しているから「核を持つと危ない」といった話が当たり前のように通っている。武力が強い方が安全なのは自明なことだ。

リアリズムで考える核武装

西村　核拡散防止条約から脱退して、広島、長崎の犠牲者に誓って、日本は断固として〝三発目の核を落とさせない国家になるんだ〟という決意の碑を原爆ドームの前に建てなければいけませんね。いまある「過ちは繰り返しませぬ……」を撤去して。

田母神　核武装して防衛力を増強する絶好のチャンスです。いまなら国際的にも反発は少ないでしょう。反対するのは国内外の日本を貶《おとし》めようとする勢力だけだ。

西村　原爆はどれくらいの期間でできるんですか。

田母神　一年もかからないでしょう。日本にある原発では、燃料であるウラン235濃度は三～五％くらいですね。その濃縮の度合いを高めていけば核兵器に転用できるわけです。そうすると、ウラン濃縮施設が必要になります。

西村　原発用の濃縮工場は六ヶ所村にある。

田母神　原爆に転用するウランの濃縮施設をつくるのにだいたい十カ月。それができれば、濃縮などはそれほど時間はかからない。

西村　私は民社党議員当時、六ヶ所村のウラン濃縮施設を関西電力の責任者と一緒に見学しました。そして労働組合の大会があったので演説中に「日本でも原子爆弾は早急にできるとわかってうれしかった」と言ったら、あとで組合幹部からそんな発言はやめてくれといわれた。ところが組合員は拍手喝采でしたね（笑）。

　まあ日本は、核の平和利用がタテマエだから公表するはずはないが、六ヶ所村でできると思いますよ。技術的には十分に。

田母神　私もそう思いますね。

西村　また自国開発しない方法もある。一九七七年、当時の西ドイツ首相だったヘルムート・シュミットが、ソビエトから中距離弾道ミサイルSS-20を突き付けられたときに、アメリカからパーシング2ミサイルを導入した。

日本でもできるでしょう。アメリカに、同盟国なんだからよこせと。

田母神　NATOのニュークリア・シェアリング（核兵器の共有）と同じように、アメリカに要求したらいい。核のレンタルですね。

西村　そもそも沖縄にはすでにあるでしょう。「非核三原則」なんて言っている場合か。この期に及んでまだ白を切るか（笑）。

田母神　そうですね。かつて拉致被害者はいないんだとか言っていたんですからね。

アメリカが核兵器を持ち込んでいないなんて、もう国民の多くはウソだとわかっている。現実を全く見ない、そういうウソの政治から決別すべき時期に来ています。

西村　横須賀にロナルド・レーガンを中心とする空母打撃群がある。それらは核を搭載する艦船としての前提でできているんですか。

田母神　その通りです。

西村　それなら日本に寄港するときに、核をどこかに降ろしてきているんですか。

田母神　そんなことはあり得ないですね。

西村　原子力潜水艦も。

田母神　常時、積みっぱなしですよ。日本に来るたびに、いちいち降ろすわけがない。

西村　もう、すでにある。こういう現実的な議論が政治で行われなければなりませんね。

西ドイツがパーシング2を導入するときに、ヨーロッパで反核運動が起こった。ところが、ソビエトが崩壊してクレムリン文書が公然と見られるようになったら、その反核運動は、実はソビエトが仕組んだものだということがわかった。プーチンの出身母体・KGBが暗躍したんです。

同じように近年日本で行われた国策を誤らせる数々の反対運動である安保法案廃止、反共謀罪、反原発、沖縄の反基地闘争などの動きは、みんなつながっている。仕組まれたものですね。民意などではあり得ない。

田母神　そうですね。

西村　そのヨーロッパでの反核運動が盛んな時に、西ドイツのシュミット首相は自国民にこう言った。「赤くなるより、死ぬ方がましか。死ぬより、赤くなる方がましか。二つに一つ選んでくれ」と。すると「赤くなるより、死ぬ方がましだ」と西ドイツ国民は答えた。日本は、こういうことが毅然と言える政治にならなければ危ういですね。

田母神　これで何もできなかったら、また一層なめられますよね。日本を根こそぎ弱体化するための動きが次々と起きるでしょう。

あとは〝日本の覚悟〟

西村　アメリカのマティス国防長官（当時）が「我々の同盟国へのいかなる脅威にも、大規模な軍事行動で反応する。効果的かつ圧倒的な反応になる」と言い切りましたね。国家安全保障会議が終わってからの記者会見で。そのあとで、トランプ大統領は記者から「いつやるんだ」と聞かれて何も答えない。「いつかわかる」と言っただけ。

軍の司令官というのは、自分の命令で部下を死地に赴《おもむ》かせるわけですから、そこいらのアジテーター的政治家よりも現実的な慎重論を唱えるでしょう。そのトップのマティス国防長官が脅威に対して「大規模な軍事行動で反応する」と言った。リビアのカダフィ大佐をレーガン大統領が叩いたときの状況に似ていましたね。

現実的にはどんな方法をとるんでしょうか。ステルス爆撃機を使うんですか。

田母神　軍事的に考えられるのはミサイルでしょうね。トマホークとか。

西村　知り合いのＣＩＡのＯＢに聞いたのですが、北朝鮮の中枢部は「穴の開いたチーズ」みたいな構造になっていて、偵察衛星などを使っても上空からはわからないというんです。だから地下にもぐり込んでからすさまじく爆発する……。

田母神　バンカーバスター（地中貫通爆弾）のような破壊力を持つ米軍の強力な兵器ですね。

西村　そう。金正恩は常時地下にもぐっているといわれていますからな。斬首作戦には使うでしょうね。

田母神　バンカーバスターに核弾頭を積むでしょう。通常兵器として最大の破壊力がありますから。地下の標的を間違いなく殲滅《せんめつ》できる。

西村　問題は、あの独裁者に一発撃たしてから斬首するか、撃たす前に斬首するかというところです。

田母神　ところが今すぐアメリカが行動しないということは、北朝鮮を生かしておくメリットもあるわけですね。関係国の防衛力整備という名目でアメリカの軍事兵器を売るためには、北朝鮮が多少騒いでくれた方がいいという判断があります。軍事費は膨大ですからね。

一方で、北朝鮮を早期につぶさな

いとアメリカ自身が危なくなる。それを天秤《てんびん》にかけているのでしょう。将来アメリカが危なくなると判断した時に、一気にやる。北朝鮮はあっという間に崩壊すると思いますが。

西村　あとは〝日本の覚悟〟だ。

田母神　そうです。このまま三すくみ状態で、北朝鮮がアメリカまで届く核兵器を持つようになれば、アメリカの核の傘が成り立たない。自前で持たなければならなくなる。だから、手を打つべきは今だと思います。ところが核武装について議論すらさせないというのは、本当におかしいです。

西村　国家、民族に対する怠慢ですね。先に触れたCIAのOBから「退職して三年経ったから、西村さんに言うけども……」とこんな話を聞きました。

アメリカの大統領筋、議会筋などから日本に関する情報の問い合わせで一番多いのが「日本の政界の話ではなく、日本国民の間に核武装、核保有論がどれほどあるか」ということだという。

それを聞いてから私は選挙のたびに核武装の必要性を訴えてきたわけです。

田母神　なるほど。

西村　彼らにとって核は〝通常兵器〟なんです。オレたちはソビエトと五十年以上、核をどのようにして抑止するかせめぎ合いをしてきた。特別な兵器でも何でもない。だから日本も持ったらいいじゃないかという話です。

小渕内閣の時代、私は防衛政務次官でしたが、日本は核武装を議論しなければならないと発言したら大騒ぎになった。結局、やめてくれと言う声が強くてやめましたけどね。

その頃、あるアメリカ人から手紙が来ました。おまえたちが悪かったから原爆を落としたんだ、持ちたいならもう一度落としてやろうかというような脅迫的な内容だった。それで、そのCIAの彼に、君はアメリカ人だけど、こんな手紙も来てたぞと言ったら、彼は「アホはどの国にもいるんですから、気にしないでください」と（笑）。

田母神　至る所にたくさんいる（笑）。

おかしな「PKO五原則」

西村　いまこそ軍事専門家が必要な時なのに、例の「日報問題」で陸幕長の首を切られたというのはとても悔しかった。防衛大臣がやめるのはいいけども。情報公開法などがあって、日報まで公表するというのは大間違いだ。日報は見たとたんに破り捨てなければいけない。これが表に出たら、内容によっては敵方に知られて国家が壊滅することだってあるでしょう。

田母神　だいたい日報というのは戦闘速報のことですからね。毎日、隊のつくったものを指揮官が見るわけです。これを一般の行政文書と同じ扱いで公表しようとしている国なんて日本以外にありませんよ。公開するような性質のものではない。

西村　日報の意味を稲田さんはわかっとったのかな。

田母神　本当に国のためを思うなら、政治は「戦いの現場」に配慮すべきです。国家のために命がけで任務を遂行しているわけですから。

西村　それともう一つ。この有事に田母神元航空幕僚長が重用されないのが残念です。閣下は飛んでいるヤツを撃ち落とす専門家ですから。いまこそ必要な人材だ。現役の時に、ニューメキシコにまで行って訓練を積んできたスペシャリストだ。防衛の要職に復帰されたら、自衛隊の士気は上がるでしょうね。

田母神　いまは政治家が本当のことを言わないで、自分たちの立場をとりつくろうことに汲々《きゅうきゅう》としている。逆に自衛隊側が政治に配慮しているような恰好ですよね。本末転倒です。だから日報問題も起きるわけですよ。「ＰＫＯ五原則」なんて、はじめから守れない内容でしょう。

　そもそもＰＫＯというのは危険地帯に派遣するわけだから。危なくなければ行く必要はない。ところが、危なくなったら撤退しますという原則でしょう。その通りやったら他国からバカにされますよ。「何だお前たちは危なくなったら逃げるのか」と。

　おそらく南スーダンは戦闘状況だったと思います。だから日報には正直に戦闘があったと書いたわけでしょ。そして、それが防衛大臣にそのまま報告されれば、すぐ撤退となる。国際的な信用はガタ落ちだ。それでは日本の国益に反しますよ。だから、現場はそういうことを配慮して、できるだけ「戦闘」という言葉を消す。

　今回の日報問題は、それが自衛隊が隠蔽《いんぺい》工作をしたといって叩かれたわけでしょう。本来、防衛大臣は自衛隊を守らなければいけない。ところが最後になったら大臣が、自衛隊に隠蔽的体質があるなどと言って、特別防衛監察をしなければいけないなどというわけだ。何言っているんだと言いたくなりますよ。自衛隊側は本当に悔しかったと思いますね。

西村　特別防衛監察という制度があるというのは初めて聞きました。

田母神　海上自衛隊のイージス艦「あたご」と漁船「清徳丸」の衝突事故の時、防衛大臣だった石破茂氏がつくったんですよ。もともと自衛隊の中に監察官はいます。世界のどの軍も監察機能を保有しているわけです。万国共通ですよ。ところが、さらに特別防衛監察本部というのをつくったんです。世論に対して政治的にアピールするために。自衛隊側はみな反対でしたよ。

西村　私は自由党議員のときに、防衛基本法を起案しましてね、「第一条　我が国は国家防衛のために、自衛隊を保持する。国家防衛は国民の真正な義務である」と冒頭に書いた。そうしたら防衛省の官房長あがりの議員が「これでは自衛隊は〝旧軍〟のようになってしまう」と言うんです。私が旧軍のような精強な軍隊になったらいいじゃないかと言うと、血相を変えてダメだと言う。そういう発想ですね。つまり、その特別防衛観察本部を石破茂氏がつくったときの発想は、自衛隊を〝軍隊〟にしないようにしたということです。「旧軍は悪」だと思っているのが内局にも多いようですな。

　当時、日本の帝国陸海軍ほど強い軍隊はなかった。しかも国際法を律義に守って戦った軍隊はほかにありません。アメリカ軍などメチャクチャなことをしている。ところが、日本人に軍隊を持たせたら怖くて仕方がないから、マッカーサーは憲法九条をつくって押し付けた。

田母神　そうですね。自衛隊の中でも内局でも、旧軍と自衛隊は違うんだと教育する人がいました。隊員もそういう考え方に慣らされてしまうんですね。私は困ったことだと思っていた。だから私は、自衛隊も旧軍も一緒だ、何が違うんだ、国を守る精神は同じだというふうに教育していました。

ミサイルを迎撃せよ

西村　ミサイル防衛についてお聞きしたいんですが、一連の北朝鮮のミサイル発射は、発射直後に日本領土には落ちないということがわかったので破壊措置は取らなかったと発表されています。でも、落ちるとわかったら破壊措置を取って落とすことができましたか。

田母神　準備次第です。発射してからの航跡で、どこに飛んでいくのかというのがわかります。だけど準備していなければ落とせない。ミサイルを撃ち落とすには、飛んでくるとわかっているところに部隊を配備して迎撃準備をする必要がある。

例えば「即時待機」「十五分待機」といった指示がある。即時待機というのは、来たらすぐ撃てる態勢で待てということです。あるいは三時間以内に撃てる態勢で待てという命令がある。

西村　一回、撃ち落としたらどうですかな。

田母神　迎撃すべきですね。北海道から沖縄まで、日本の空は海上自衛隊のイージス艦に積んでいるＳＭ３というミサイルで広く覆われています。ＳＭ３は射程が長く成層圏まで届くから、一応日本中の空のどこに飛んできてもイージス艦を数隻配備しておけば、撃ち落とせる態勢にはなる。

さらに東京や大阪、名古屋などの大都市周辺は航空自衛隊が保有する射程が短いペトリオットＰＡＣ３というミサイルで二重に覆われています。だから、同時に十発ぐらい飛んできても迎撃態勢を取っていれば、私は大丈夫だと思っています。

西村　二〇一七年八月二十九日の時のように、襟裳《えりも》岬上空をミサイルが飛ぶというのを即時に察知できた態勢だったらＰＡＣ３で……。

田母神　撃ち落とせますね。

西村　でも、射程が短いから増強しなければならないんですね。北海道から沖縄までどのくらいの規模になりますか。

田母神　ペトリオットというのは東京の山手線環内を守るぐらいの範囲を想定していますから、それを全国に張り巡らそうとすると膨大な数になる。現実的には防御範囲は限定的となるでしょう。

西村　日本のペトリオット部隊の命中率はどのくらいですか。

田母神　相当な確率で命中しますね。一つの目標に二発撃つ作戦なら、九〇％以上の確率で破壊できます。精度はどんどん向上しています。

イスラエルは自国産のアイアンドームという防空システムを持っていますね。迎撃ミサイルです。それでアラブのミサイルを完璧に撃墜している。

西村　サダム・フセインの時でした

か、奇襲された時にはちょっと着弾しましたね。

田母神　あれから本腰を入れてミサイル防衛システムの開発に入ったんですよ。いまはほぼ完全に撃ち落としています。

西村　日本は海上のイージス艦と地上のペトリオットで守られている。

田母神　地上防衛にはペトリオットよりもっと射程が長い迎撃ミサイルシステム「イージス・アショア」の導入が検討されています。

「核廃絶の先頭に立つ」だと？

西村　北朝鮮が核実験をしたといっても、ミサイルの弾頭につけて発射した実験はしていないですね。

田母神　核兵器というのは使われる可能性が低いから、実戦で本当に使えるかどうかというのは、本当のところわからないんです。ところが「我々は核実験をした」と公言するだけで抑止効果があるわけです。〝使われない兵器〟といえる。

西村　イスラエルの抑止力はおもしろいですね。核実験をおそらくどこかでやっている。持っているか持っていないか分からないけれども、持っているとみんな見ている。イスラエルの駐日大使だったエリ・コーヘンが、お前のところは核を持っているのかと聞かれたときに「言わないのが抑止力です」と答えた(笑)。

田母神　核兵器は、〝認識の兵器〟なんです。だから使えるとか使えないとか、命中するとかしないとか、そういった問題とは次元が違う。

　首相が広島で「世界の核廃絶の先頭に立つ」とあいさつするでしょ。それでは核兵器を持つべきだと誰も言えませんね。そんな理想を言っている状況ではない。いまは不評を買ってでも、「核武装をして敵地攻撃能力を持つ」と毅然と主張するリーダーが現れないとダメです。

西村　「三度許すまじ原爆を……」という歌（『原爆許すまじ』）がありますね。三度目の核を人類の上に落とさせないという決意。「許すまじ」とは核の廃絶を唱えることではない。原爆を落とそうとするヤツを抹殺することだ。金正恩斬首作戦です。

　政治家は、北朝鮮のミサイル攻撃、核実験を、図らずも我が国の平和憲法の破綻を立証したふるまいだと認識しなければならない。〝太平の眠りを覚ますミサイル攻撃〟なんて戯《ざ》れ歌ですませている場合ではないですぞ。

（『WiLL』二〇一七年十一月号初出）

自衛隊に名誉を

「太平洋ひとりぼっち」で考えたこと——
自衛隊が違憲のままでいいのか

堀江謙一
海洋冒険家

自衛隊が平和を守ってくれたから世界の海をヨットで航海できた

小型ヨットで〝密出国〟

もう六十年近く前の話です。一九六二（昭和三十七）年——。

ぼくは、人魚を意味するマーメイド号という全長十九フィート（約五・八メートル）の小さなヨットにひとりで乗り込み、夜陰に乗じて兵庫県の西宮から〝密出国〟した。目指したのは、アメリカ西海岸のサンフランシスコ。見送りは、先輩二人だけだった。

ぼくは先輩たちに、「一週間は、だれにも黙っててくださいや」と口止めをお願いした。オフクロにも、「ぜったいに、百二十日までは、心配せんといてや。さわいだらあかんで」と頼んだ。その瞬間、オフクロが外を見るそぶりをして横を向き、ポロッと涙をこぼしたのを、ぼくはいまだに忘れられない。
ヨットの搭載物は、航海用具や食料・飲料水、衣料品・寝具、台所用品、工具など約五百キログラム。約九十日間の航海で使用する水は、重量を制限するためにギリギリの六十八リットルに抑えた。海の上では雨が降るし、捕った魚を絞れば水分が得られるからだ。

当時としては、こんな小さなヨットで太平洋を横断するなんて、危険極まりなく、前例もなかった。そのため、ヨットでの出国許可を入国管理局にもらおうと手を尽くしたが、すべてアウト。日本は海洋国とは言いながら、小型ヨットにとっては〝鎖国状態〟にあった。

ぼくはパスポートも船員手帳も持っていなかったし、当然ながら、アメリカに入国するためのビザも受けていなかった。したがって、当時、小型ヨットで太平洋を横断しようとすれば、密出国するほかはなかったのだ。

装備のほかに所持したのは、二千円と米貨五ドルだけ。万一、アメリカの沿岸で逮捕されたら、自宅に電報を打って、帰国の旅費を送金してもらうための日本円だった。五ドル（当時のレートは一ドル＝三百六十円で千八百円）は、現地で散髪するためだった。五ドルをくれた人が、「強制送還される前に、せめて床屋ぐらいは行けや。アメリカは散髪代が高いけど、これだけあったら足りるやろ」と言ってくれたからだ。

ほりえ　けんいち
1938年、大阪生まれ。54年、関西大学第一高等学校に入学してヨットに出会う。外洋セーリングをするために、付属高校から大学には進学せず、就職する。62年、マーメイド号で単独太平洋横断に成功。その功績でサンフランシスコ市とロサンゼルス市から各名誉市民の称号を受け、イタリアの「海の勇者賞」受賞。この時の手記を『太平洋ひとりぼっち』として出版し、63年に菊池寛賞受賞。その後も、東西両回りでの単独無寄港の世界一周航海に成功するほか、足漕ぎボートやアルミ缶リサイクルのソーラーパワーボートなどでのエコ航海にも挑戦し、成功した。いまも、あらたな目標をふたつ念頭において、冒険航海に挑戦し続けている。

みなさんは、太平洋の地図を考えるとき、太平洋をまん中にして、左端に日本があって、右端にアメリカがある長方形の地図を思い出されるだろう。この地図は、メルカトル図法で描かれている。実際には、地球は球状なので、この地図では方位も距離も誤差が生じてしまう。

アメリカまで最短距離で行くためには、メルカトル図法上では、千島列島やアリューシャン列島に近い北太平洋を通るように北向きに弧状の航路をたどることになる。

マーメイド号は、この年の五月十二日に出航し、紀伊水道を南下して太平洋に出て、八丈島を通過した。そこから北向きの航路をとって、サンフランシスコに向かった。途中、海上保安庁に摘発されなかったのが幸いだった。

出航から四十五日目の六月二十四日。マーメイド号は、西経百七十七度付近に達した。ここは、アメリカ領ミッドウェー諸島のほぼ真北にあり、ミッドウェー島から北に一千キロメートル離れているはずだ。

そういえば前々日（二十二日）、爆音が響いたのでキャビン（船室）からデッキ（甲板）に出て見上げると、赤い飛行機がヨットのまわりを低空でぐるぐるとまわっていた。機体には、「U.S.AIR FORCE（アメリカ合衆国空軍）」の文字が見え、パイロットの顔も見分けられるほど近距離だった。

そのとき、咄嗟にキャビンに戻ってカメラを持ち出し、空軍機を撮影して手を振った。ただ手を振るだけだと、遭難者と勘違いされて、アメリカ軍に救助でもされれば、これまでの苦労が水の泡になってしまう。

だから、カメラで飛行機を撮影して、ヨット航海を楽しんでいるように演技したというわけである。

アメリカ軍機が近接してきたのは、日付変更線を越えていて、すでにアメリカの管理領海に入っていたことを意味する。海には、各国の管理領海線が引かれている。それは日本も、ほかの国々も例外ではない。

ミッドウェー島の近くにマーメイド号がいるとわかったとき、なにか

マーメイド号と新西宮ヨットハーバーにて

の本で読んだミッドウェー海戦を思い出した。

戦死した海の先輩に黙禱

ぼくは、一九三八（昭和十三）年に大阪市港区で生まれ、戦争の末期には、大阪府下の箕面《みのお》村（現・箕面市）でぼくの一家は暮らしていた。父は病弱で、徴兵をまぬがれていた。

終戦前の一九四五（昭和二十）年四月、国民学校に入学した。同級生みながそうであったように、ぼくも愛国少年だった。その年の三月から八月にかけて、大阪市を空襲するときの爆発音が箕面村にも聞こえてきた。ガラス窓がガッガッガと揺れて、割れるのではないかと心配したほど。爆弾の爆発音や衝撃波は、結構遠くまで届くのだ。

ミッドウェー島の近くにいると、ミッドウェー海戦や戦争、空襲のことなど、いろんな思いが込み上げてきた。夕方になって、デッキで南方、ミッドウェー島のほうを向いた立って黙禱《もくとう》した。夕日がいっぱい、ぼくの体を包み込んでいた。なんとなく、全身が熱くなり、目頭が痛くなってきた。太平洋ひとりぼっち、ほかに誰もいないんだな、と思うと、自然と熱い涙がこみ上げてきた。この海で、多くの海の先輩たちが散っていったのだ。

ぼくも日本を出てから、オフクロを思った。坂本九ちゃんの「上を向いて歩こう」をひとりで歌っていたら、涙が出て止まらなくなった。この海で亡くなった三千五百名もの日本人将兵にも、家族がいて、母親がいた。どれほど家族や母親に会いたくて、日本に帰りたかったことだろうか……。

ぼくのヨットは、ここを転回点として、新大陸アメリカを目指すことにした。この世界最大の太平洋を乗り越えて、〝勝利〟をつかんでみせると決意をあらたにした。

「この海で眠っている先輩の皆さん、ぼくはいま、皆さんに捧げる花束を持ち合わせていません。お許しください。しかし、もしこのヨットが無事に（サンフランシスコの）ゴールデンゲート（金門）をくぐってゴールしたら、それを先輩方に捧げる〝花〟とします」

その後も、クジラの群れに遭遇したり、シケ凪《な》ぎでヨットが進まないなどのアクシデントが続いたが、九十四日をかけて、無事サンフランシスコに到着することができた。こうして、ミッドウェー島近海に眠る先輩方に〝花〟を手向ける約束を果たせたと思っている。

そのおかげなのか、パスポートとビザがないにもかかわらず、当時のサンフランシスコ市長が「コロンブスもパスポートは省略した」と、名誉市民として受け入れてくれた。帰国費用も、航空会社が提供してくれることになった。

海の男は愛国者

このような、小型ヨットでの単独太平洋横断航海を手記としてまとめたのが、著書『太平洋ひとりぼっち』(一九六二年刊)である。この本は、アメリカやイギリスなど数カ国でも出版された。

十年ほど前にも、ある韓国人の大学教授経験者がこの本について知り、韓国の青年にも紹介しなければならないという思いで、韓国語への翻訳を申し出てくださった。ところが、韓国の出版社のほとんどは、ぼくがミッドウェー島での祈りに触れたわずか一ページの内容について、ぼくが愛国者だったことが問題だと出版を見合わせた。

幸い、一社が出版してくれたものの、他国の国民に対して、祖先や先輩を哀悼したり、愛国心を示してはならないというのは、ぼくは海の男として納得できない部分がある。

その後のぼくは、海洋冒険家と呼ばれるようになって、公に外洋セーリングを行うようになった。

西回りでの単独無寄港の世界一周航海(一九七四年)、縦回りの世界一周航海(一九八二年)、世界最小のヨット(全長二・八メートル)で太平洋横断(一九八九年)、ソーラーパワーボートでの単独無寄港太平洋横断(エクアドル~東京間。一九九六年)、東回りでの単独無寄港の世界一周航海(二〇〇四~〇五年)……。

その間、太平洋を航海しているとき、ぼくが乗船しているヨットに自衛隊機が接近してきて、撮影した写真が新聞に掲載されたことが何回かある。

自衛隊は、あきらかにぼくの艇とわかっていて撮影しているのがわかる。自衛隊には、それほど知り合いが多いわけではないが、訓練として、船舶に接近して写真を撮影すると聞いたことがある。太平洋を走っているぼくのヨットを見つけろとか。上官によっては、船舶の捜索などに興味があったりして、そんな訓練をさせると聞いた。

一度、海上自衛隊の厚木基地で講演し、その講演活動の一環として、P3C（対潜哨戒機）に搭乗させてもらい、硫黄島まで連れて行ってもらったことがある。太平洋戦争の中でも最大の激戦地のひとつだった硫黄島については、映画で観ていたが、現地に行くのは初めてだった。いまだに収容されない旧日本兵の遺骨が多数あるという。ミッドウェー島近海を航海したときのように、ぼくは硫黄島で合掌し、黙禱せずにはいられなかった。

ぼくが所属する関西ヨットクラブでは、新年会を毎年開いてる。そのときに、海上自衛隊や海上保安庁の皆さんが来てくれる。異動などがあるのでメンバーが代わるが、誰かが顔を出す。そのとき、ぼく自身も海上自衛隊や海上保安庁の方と話をすることもあるし、クラブのメンバーと隊員が親しくなって、ヨットに一緒に乗ったという話も聞く。

もう二十年以上も前になるが、海上保安庁の職員から、「尖閣諸島を守りますよ！」という話を聞いたことがある。尖閣諸島に中国の漁船が押し寄せたり、海警（中国の海上保安庁）の巡視船や中国海軍が領海侵犯を繰り返す前から、国土を守るという意識が高かったのには驚かされた。

ぼくが七十八歳のいままで、世界中の海をヨットで航海できたのは、戦後七十年以上、日本が平和だったからだ。日本が平和だったのは、〝平和憲法〟を堅持したからではなく、命をかけて日本を守ってくれた自衛隊がいたからだと思っている。

日本国憲法が認められているのに、「自衛隊が違憲だ」などという考え方があるようでは、日本を守ることなど到底できるわけがない。それ以前に、命がけで日本を守ってくれている自衛隊員に対して失礼だ。ぼくたち国民のために、命をかけて日本を守ってくれている自衛隊の人たちに、もっと誇りをもって任務についていただけるよう憲法を改正すべきだと考えている。

右であれ、左であれ、愛国心をもって国について考えているのなら、ぼくは聞く耳を持つ。しかし、ぼくは〝反日〟だけはカンベンしてほしい。祖国人を愛さないなんて、少なくとも海の男にそんな人はいない。

ぼくはこれからも祖国への愛を忘れずに、百歳まで海洋冒険を続けたいと思っている。

（『WiLL』二〇一六年十一月号初出）

アメリカによる〝押し付け〟憲法

象徴天皇は私たちがつくった

チャールズ・ケーディスの証言

産経新聞ワシントン駐在客員特派員
古森義久

さきの陛下のおことばの標題は――
「象徴としてのお務めについての天皇陛下のお言葉」（宮内庁）だったが……

いまも忘れられない

「天皇を『国の象徴』とか『国民統合の象徴』とする表現は実は私たちがふっと考えて、つくり出したものなのです」

この衝撃的な言葉を聞いたときの自分自身の動揺はいまも忘れられない。日本国憲法を書いた日本占領時の連合国軍総司令部（ＧＨＱ）の民政局次長で米陸軍大佐だったチャールズ・ケーディス氏が直接、私に語った言葉だった。

上皇陛下が生前退位の意向を示唆するビデオメッセージがテレビで流されたとき、いまの日本では天皇のあり方、天皇制のあるべき姿をめぐる議論が熱っぽく語られるようになった。日本という国家、日本人という民族の精神的な支柱となってきた天皇はこれからどのような立場を保たれていくのか。

いまの論議で皇室の二千数百年もの歴史にまでさかのぼっての国民的

な考察がなされることも不自然ではない。日本が近代国家として出発した明治時代からの天皇制のあり様を検証することも、いまの時代の天皇制論議には有益だろう。世界でも冠たる日本の皇室の悠久の流れは日本の歴史そのものともいえる貴重な重みを持つことも言を俟《ま》たない。

しかしその一方、いまある天皇制が第二次世界大戦での敗北後の日本で戦勝国アメリカの意を体した占領米軍によって形づくられたという歴史も否定できない。その冷厳な事実もこの際、想起しなければならないと思う。

いま現在、私たちの目前にある天皇陛下を頂点とする皇室のあり方は、その占領米軍がつくった日本国憲法によって形成されたのである。しかも、それまでの長い歳月の天皇のあり方を根幹から変える改造の手が戦勝国によって加えられたのだ。

日本国の一員として天皇陛下への最大限の敬愛の意を表しながらあえて述べるならば、やはりいまの天皇制は日本を占領したアメリカによって改変された結果の産物であることを認識するべきだろう。これからの天皇制の形を考えるときに、いまの天皇制の出自《しゅつじ》といえる部分のそのアメリカによる改変作業の実態を改めて認知することも欠かせないだろう。皇室に関して日本古来の伝統だとばかりにみえた特徴が、実は占領米軍による加工の結果だったという側面もあるのである。

日本国憲法起草班の中心人物の一人、チャールズ・ケーディス
（写真提供：毎日新聞社／時事通信フォト）

天皇のあり方は日本国憲法第一章で規定されている。その日本国憲法草案はアメリカ軍将校たちによって書かれた。だからこそ現代の天皇制を未来に向かって考えるとき、その拠ってきたる出発点の憲法起草の実情を検証することも大切だろう。

こうした考えを踏まえて、当時のアメリカ側の憲法起草者たちが日本の天皇制についてどんな指針に基づき、なにを根拠に、なにを考えて、その憲法第一章を書いたのか、その一端をある種の歴史の証人として報告しておきたい。

私がここで「歴史の証人」などというおおげさな言葉を使うのは、日本国憲法草案作成の実務責任者だったチャールズ・ケーディス氏に直接に会って、一問一答の形でその作成の実情を尋ねた体験があるからである。しかもたっぷり時間をかけてのインタビューだった。ケーディス氏はもう故人であり、同氏にせよ、他の憲法作成参加者にせよ、アメリカ側の当事者に直接、話を聞いた日本人はいまやきわめて少ないことも付記しておこう。

九条はケーディスが書いた

まず最初に日本占領時代に日本国憲法が米軍司令部により作成された歴史の経緯を簡単に述べよう。

当時の日本の占領統治の当事者は「連合国軍」と公式には呼ばれても実際には米軍だった。GHQも米軍の最高司令官、つまりダグラス・マッカーサー元帥の指揮下にあった。

GHQは一九四六年（昭和二十一）二月、急遽、日本の憲法案を作成した。「急遽」というのはマッカーサー元帥は当初、戦後の日本の新憲法を日本側に自主的に書かせることを指示していたが、その草案ができあがったのをみて、不満足と断じ、急にそれではアメリカ側がつくるという決断を下したからだった。

草案の実際の作成作業はGHQの民政局に下命された。民政局の局長はコートニー・ホイットニー米陸軍准将だった。そのすぐ下の次長がケーディス氏だったのである。同氏を責任者とする憲法起草班がすぐ組織された。法務経験者を中心とする二十数人の米軍将校たちが主体だった。日本人は一人もいなかった。

憲法起草班は一九四六年二月三日からの十日間で一気に草案を書きあげた。作業の場所は東京中心部、皇居に近い第一生命ビルだった。

●アメリカによる“押し付け”憲法

GHQが入った東京有楽町の第一生命ビル。ここで日本国憲法が作成された。皇居のすぐ近くだ

いまの天皇や天皇制の特徴づけも、このアメリカ製の憲法草案でできあがったというのが歴史の冷厳な事実なのである。

草案づくりでは中核となる起草運営委員会を構成したケーディス陸軍大佐、マイロ・ラウエル陸軍中佐、アルフレッド・ハッシー海軍中佐の三人が憲法前文を書いた。憲法全体でほぼ各章ごとに八つの小委員会をつくり、法務経験のある米軍人がそれぞれの小委員会の責任者となり執筆した。九条のある第二章はケーディス大佐自身が書いた。とくに重要な天皇に関する第一章の作成にもケーディス大佐が加わったという。

ケーディス氏は一九〇六年、ニューヨーク生まれ、コーネル大学卒業後にハーバード大学法科大学院を修了して、一九三一年にはすでにアメリカの弁護士となっていた。連邦政府の法律専門官として働く間に第二次大戦が起きて、陸軍に入った。陸軍参謀本部に勤務後、フランス戦線に従軍した。

そしてケーディス氏は一九四五年八月の日本の降伏後すぐに東京に赴任して、GHQ勤務となったわけだ。だから日本国憲法起草当時すでに三十九歳、法務一般でも十分に経験を積んだ法律家ではあった。

ケーディス氏は日本には一九四九年まで滞在した。帰国後は軍務を離れ、弁護士に戻った。戦前にも働いたことのあるニューヨークのウォール街の「ホーキンズ・デラフィールド・ウッド法律事務所」にまた弁護士として加わった。その後の職務では税務、証券、財政などの案件を扱ってきたという。

　私が彼にインタビューしたのは一九八一年四月だった。彼は七十五歳となっていたが、週に二度ほど出勤して、実務をこなしているとのことだった。日本国憲法を書いた人物がウォール街の一角で地味な法律業務をしているというのも、いくら三十五年という歳月が過ぎたとはいえ日本人としては奇異な印象を受けた。

　ケーディス氏は礼儀正しい白髪の紳士だった。日本国憲法作成に関する往時の資料まで用意して、私を丁寧に迎えてくれた。

　当時の私といえば、基本的には毎日新聞の記者だった。だがその一九八一年にはワシントン特派員から転じて、一年間という期限でアメリカの研究機関「カーネギー国際平和財団」の上級研究員として日米安全保障関係についての調査や研究にあたっていた。ケーディス氏のインタビューもその研究活動の一環だった。

　ただし私にケーディス氏との会見を強く勧めてくれたのは、憲法の起源の研究でも知られた評論家の江藤淳氏だった。当時、ワシントンの大手シンクタンクに招かれていた江藤氏は私に憲法起草の経緯を説明し、なお健在のその中心人物のケーディス氏から証言を得ることを提案してくれたのだった。

　ケーディス氏へのインタビューは四時間近くに及んだ。氏は憲法起草の作業をよく覚えていて、こちらの質問に「もう守秘義務はないから」とごく率直に答えてくれた。

　このインタビューの記録を私は保管し、現在にいたっている。

　このインタビューでケーディス氏が天皇や天皇制の扱いについて語った部分を以下、紹介していこう。長い会話で題がいろいろ変わりながらのやりとりだったから、断片的な引用となる。圧縮や省略も避けられない。そしてその区切りの部分で私なりの解説をつけることとする。

廃止か存続か

古森　アメリカ政府が日本の憲法改正について初めて公式に述べた文書

が、一九四五年十月十六日付の、バーンズ国務長官から日本の米占領軍最高司令部の政治顧問ジョージ・アチソン氏あてに送られた書簡なんですよね。そして、その書簡に基づいて日本の新憲法への指針を書いた例の一九四六年一月七日付の「SWNCC228指令」という文書が出てくるわけですね。

ケーディス　バーンズ国務長官からのその書簡については私は知りません。見たことがありません。しかしSWNCC228については確かに知っていました。国務省、陸軍省、海軍省の調整委員会だったSWNCCというのは、その三省の名称の頭文字を並べて、当時、われわれは「スワンク」と呼んだものです。

古森　私がそのSWNCC228を読んだところでは「天皇制は廃止されるように奨励されるか、あるいは民主的なラインに変革されるべきだ」という趣旨が記述されています。この点は実際に制定された憲法との差があるわけですが、そのへんの事情を記憶していますか。

ケーディス　SWNCCで「天皇制の廃止」といっているのはあくまで天皇制のシステムであり、天皇という地位、存在をなくしてしまうということでは決してなかった、と思います。当時、アメリカ本国の統合参謀本部（JCS）はマッカーサー元帥に対し、ワシントンからの新たな命令が届くまでは天皇に関して一切、なにもしないように、という指令をすでに出していたのです。そして、その点での新しい命令は実際にきませんでした。

古森　では当時のアメリカの方針は天皇制をあくまで存続させる、保持する、ということだったのですか。

ケーディス　天皇制の政治システムは保持しないが、天皇そのものは保持する、ということでした。しかし古森さん、いまあなたが読んだSWNCC文書のうちの「天皇制の廃止」の「天皇制」というのは、われわれが当時、「帝国主義的な制度」と呼んでいたものを指すのではないでしょうか。「民主主義的な制度」に対しての「帝国主義的な制度」という意味で、それは廃止されねばならない。しかし天皇そのものをどうこうするということではなかったのです。

とくに天皇自身の身柄について、どうこうするという考えはまったくなかった。天皇の地位でさえ、それが政府の権限を含まない限り、アメリカ側としては廃止などということは現実には考えていなかったと思います。

——以上の一問一答で主題となったSWNCC文書は確かに天皇の扱いに何度も言及していたが、「これまでの天皇制は民主主義や国民の自由意思表明の原則とは整合していない」というような遠回しの記述が多かった。「天皇制の廃止」という表現を使いながらも、直接にその選択肢を求めてはいなかった。「民主的なラインへの変革」でもよいというのだ。だが、その「民主的なライン」が具体的になんなのかというところまでは踏み込んでいなかった。要するに曖昧なのである。

アメリカ政府は天皇制に関して現地のマッカーサー元帥らにごく大まかな基本方針を伝えていただけ、という感じなのだ。現地の責任者に与えられた裁量が大きかったということだろう。そのマッカーサー元帥から憲法起草を命じられたケーディス氏ら実務担当者には、さらに驚くほど大きな裁量が与えられていたようなのだ。

ふっと考えついた

さてケーディス氏への質問では私は前述の引用部分の後、日本側の憲法起草案「松本試案」（米側が当時の幣原喜重郎《しではらきじゅうろう》内閣の松本烝治《じょうじ》国務大臣に命じて作成させた憲法試案）などに触れ、しばらくやりとりをして、また天皇についての問いへと戻っていった——。

古森　また本題に戻りますが、当時の米軍統合参謀本部（JCS）からの一連の指令のなかにも天皇制廃止とか、天皇の廃位を求めるような提案、指導はまったくなかったわけですね。

ケーディス　天皇の身柄、あるいは

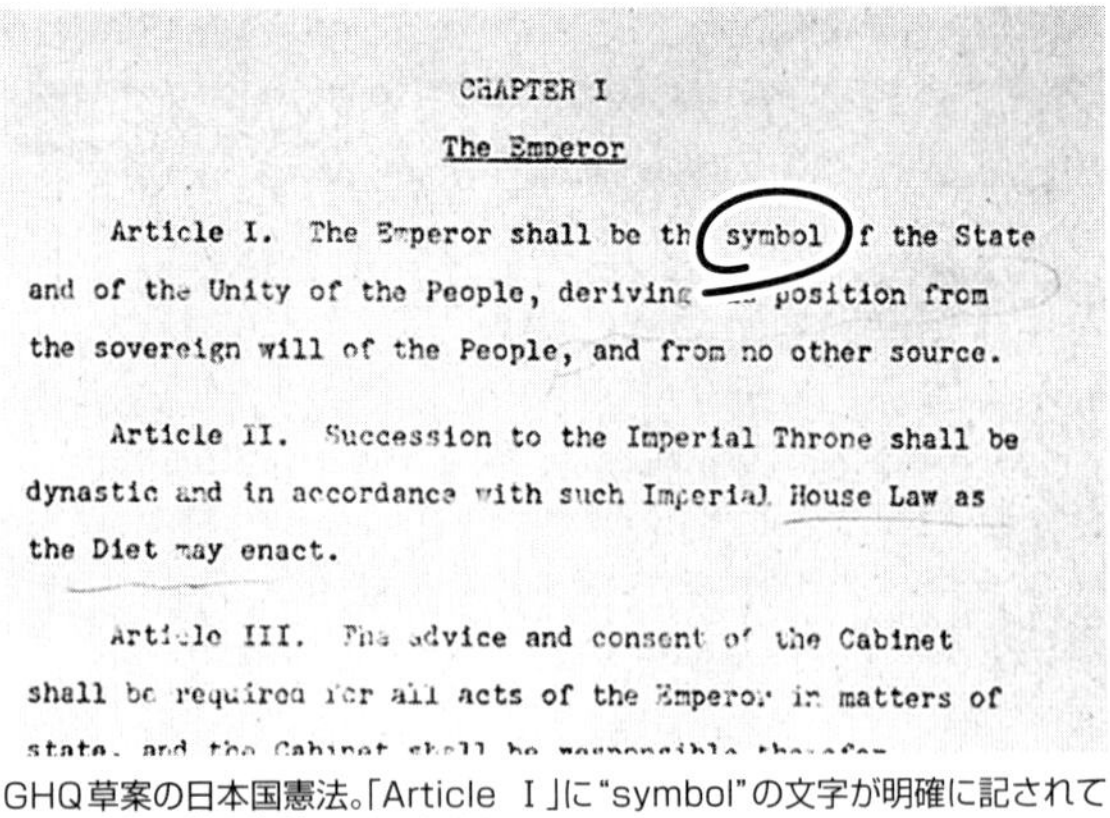
CHAPTER I

The Emperor

Article I. The Emperor shall be the symbol of the State and of the Unity of the People, deriving his position from the sovereign will of the People, and from no other source.

Article II. Succession to the Imperial Throne shall be dynastic and in accordance with such Imperial House Law as the Diet may enact.

Article III. The advice and consent of the Cabinet shall be required for all acts of the Emperor in matters of state, and the Cabinet shall be responsible therefor.

GHQ草案の日本国憲法。「Article Ⅰ」に"symbol"の文字が明確に記されている。国立国会図書館のサイトより

天皇の在位に関する限り、そうした提案はまったくありませんでした。ただ天皇が国家や政府の大権を行使しないようにするという点は明白にされていたと思います。

古森　ということは、天皇をどう扱うかについては統合参謀本部の指令が初めて言及した時から、あなた方が憲法草案を実際に書き終えるまで、アメリカ側の方針には重要な変化はなにもなかった、といえるわけですか。

ケーディス　さあ、その質問にはどう答えたらよいのか……というのはSWNCC文書に書かれていた天皇についての方針はきわめて一般的なものだったため、それが実際、具体的になにを意味するのかは、私たちが推測しなければならなかったからです。たとえば天皇は政治的権限を行使することができないのなら、一体どんな存在となるのか。「国の象徴」とか「国民統合の象徴」といった表現は、実は私たちがその起草の段階でふっと考えついて、つくり出したものなのです。

　さらに私の記憶では、天皇はほかに種々の儀礼的な機能を果たすとか、外国からの賓客に面接するということになっていますが、これらも私たちがその段階で思いついて考え出したのです。

　憲法づくりの土台となるべき統合参謀本部の指令書には天皇がなにをするべきか、どんな機能を果たすべきか、ということは一切、なにも書かれていませんでした。それら指令書は天皇がしてはいけないこと――政治上の権限は一切、持たない、などということ――だけを定めてあったのです。だから起草グループの私たちが天皇のすることを考え出さねばならなかったのです。

古森　そういう事情だったのですか。

　――やはりショッキングである。日本人にとっていまの天皇制ではまず第一に念頭に浮かぶ「象徴」という表現でさえ、米陸軍大佐らのその場での産物だったというのである。この点ではケーディス氏は「わたしたちがつくり出した」(We created) という表現をはっきり使っていた。アメリカの役割はこれほど巨大だったわけである。

その場の発想で

以上のやりとりからは、改めてケー

ディス氏ら現場の実務担当者たちの裁量権限がいかに大きかったかもわかる。ただその実務担当者たちに与えられていた「マッカーサー・ノート」の役割について指摘しておかねばならない。

　このノートはＧＨＱの最高司令官としてのマッカーサー元帥がケーディス氏らに憲法草案づくりにあたって、これらの点だけは盛り込むようにと指示した簡単な書類だった。もちろん本国政府の方針の反映ではあったが、元帥自身の判断も入っていたといえる。

　そのノートは天皇と戦争放棄と封建制度の三点について書かれていた。天皇についての記述は以下のようだった。

〈天皇は国の元首の地位にある。
皇位は世襲される。
天皇の職務と機能は憲法の定めるところに従って行使され、憲法に示された国民の基本的意思に応えるべきものとする〉

　以上の指針にもかかわらず、ケーディス氏は憲法草案では天皇について「元首」という言葉は一切使わず、「象徴」という表現を打ち出したのである。

　ちなみに戦争放棄に関してもケーディス氏はマッカーサー・ノートに記されていた「自国の安全を維持する手段としての戦争をも放棄する」という一節を自分自身の判断で削ってしまった。その結果、第九条での戦争放棄では「自国の安全維持」は対象外となったのだ。

　ケーディス氏は「自国自身の安全を守るための戦争を放棄する国家は主権国家とはなり得ない」という自分自身の判断でその一節を抹消し、上司の了解を事後に得た、と私のインタビューでも語っていた。

　同様に「国や国民の象徴たる天皇」という表現も、ケーディス氏らのその場での発想で生まれたともいうわけだ。

変えられたまま

　こうした形でアメリカ占領軍があわただしく日本の憲法を書き、天皇の地位までを決めたのは、一つには日本側の憲法草案「松本試案」への激しい反発が理由だった。前述のように米側は当時の幣原内閣に日本独自の新憲法を書くことを当初は命じたのだ。

「松本試案」は甲案、乙案など複数あったが、天皇については大日本帝国憲法が「天皇ハ神聖ニシテ侵スヘカラス」とあったのを「天皇は至尊ニシテ侵スヘカラス」と変えるという範囲だった。帝国憲法が「大日本帝国ハ万世一系ノ天皇之ヲ統治ス」とあったのを「日本国ハ万世一系ノ天皇統治権ヲ総攬シ此ノ憲法ノ条規ニ依リ此ヲ行フ」と変えただけだった。さらに「松本試案」には「天皇ハ軍ヲ統帥ス」という一条もあった。大日本帝国と死闘を繰り広げたアメリカがそんな日本の存続を許すはずがなかった。

アメリカ側からすれば、「松本試案」は大日本帝国憲法と主要な点で変わりはないということだった。だからこそ即座に排除して、GHQによる独自の憲法草案の作成を急いだのだった。

その結果、天皇は「神聖にして侵すべからず」から「日本国の象徴」へと変わった。いや変えられた、というのが正確である。天皇の地位の歴史的な変革だった。長い年月、保たれてきた地位や立場の喪失でもあった。「神聖で不可侵な統治権」を奪われたのだ。外部からの巨大な力による強制的な変化でもあった。

だが、それでも天皇制も皇室も、その変化の奔流《ほんりゅう》を柔軟に受け入れ、新しい地位へと移行した。そして新しい環境にふさわしい形で立派に存続することとなった。

是非が問われた天皇陛下の生前退位も従来の状況からすれば大きな変化ではあろう。だが、この報告で伝えてきたような天皇や皇室の立場の歴史的な激変にくらべれば、枝葉の変容のようにもみえてくる。

そもそもどんな制度でも慣行でも、時代や環境に合わせて変わっていくのである。日本の政府も国民もこの際、肩の力を抜いて、その変化を自然の流れとして進め、受け入れればよいのではないか。

日本の天皇制が敗戦によりアメリカという荒波に翻弄された時代のそのアメリカ側の歴史の当事者が語った回顧をいま想起して、私が感じたのはこんな思いだった。

こもり　よしひさ
一九四一年、東京生まれ。慶應義塾大学経済学部卒業。ワシントン大学留学。毎日新聞社時代にサイゴン、ワシントン両特派員などを歴任。八一年、米国カーネギー財団国際平和研究所上級研究員。八七年　産経新聞社入社、ロンドン、ワシントン支局長、中国総局長を経て、論説委員、国際問題評論家として活躍。国際教養大学客員教授、麗澤大学特別教授。著書に『アメリカでさえ恐れる中国の脅威!』(ワック)、『ベトナム報道1300日』(講談社文庫)、『大学病院で母はなぜ死んだか』(中公文庫)、『アメリカが日本を捨てるとき』(PHP新書)などがある。

(『W・iLL』二〇一六年十一月号初出)

アメリカによる〝押し付け〟憲法

四日でつくられたコピペ憲法

ベアテ・シロタ、ウソの厚化粧

ホイチョイ

高尾栄司
ジャーナリスト

日本国憲法がにわかづくりの押しつけ憲法だとは、よく知られているが、まさかここまでヒドイとは……

人権の母だって!?

「あんた、女性から嫌われるぞ!」

――ベアテ・シロタを女性権利の女神と崇《あが》める著名な憲法学者が、こう警鐘を鳴らしました。

批判した私は最初から彼女の虚妄性を晒《さら》したかったわけではありません。日本国憲法の成り立ちの調査・取材を進めるうちに、ベアテが「女神」どころか〝偽りの起草者〟であることが発覚したために真実を世の中に伝えねばならぬという思いを強くしたのです。

一介の、憲法には門外漢だった二十二歳のベアテは〝日本国憲法に男女平等を書いた女性〟として周知されています。

著書『1945年のクリスマス　日本国憲法に「男女平等」を書いた女性の自伝』(柏書房、一九九五年)、映画作品『私は男女平等を憲法に書いた』(ドキュメンタリー工房、一九九三年)など多くの本や映像作品がつくられ、講演会も多数こなしました。大学で女性学を学ぶ人なら知らない人はいないでしょう。二〇一二年にニューヨークで死去しましたが、今も〝人権の母〟として語り継がれているのです。しかし、それらはすべて嘘で固められた虚像のストーリーだったのです。

二〇一六年に文庫化されたベアテ・シロタ著『１９４５年のクリスマス　日本国憲法に「男女平等」を書いた女性の自伝』（朝日新聞出版）。一九九五年に柏書房より出版された単行本も入手可能

日本国憲法の第三章「国民の権利及び義務」は人権および国民の義務について規定しています。その第一草案を担当したのは、ピーター・ルースト、ハリー・ワイルズ、ベアテ・シロタでした。この三人のグループのリーダーはルーストで、このルーストこそが〝人権の父〟であり、そんな彼に女性の権利の採用を強く訴えたのはルーストの妻で、GHQ民間情報局員のジーンでした。

ピーター・ルーストは一八九八年、オランダのロッテルダム郊外に生まれました。ライデン大学医学部を卒業しますが、医学の道には進まず、在学中に入信した宗教団体、もしくは神秘思想団体である「神智学」の協会で仕事をしています。神智学協会は十九世紀後半、心霊現象を探求する新しい科学をつくりあげる目的でニューヨークに開設。人間そのものが男女を問わず、キリストやブッダのように神であると説き、男女の性別や国家を否定し、国籍を超えた人類愛を唱えています。それが原因で父親と疎遠になり、祖国を捨て渡米してシカゴ大学で人類学の博士号を取得し、シカゴ神智学協会に所属。神智学の宣教師、学者として熱心に活動を続けます。

一九四一年に書いた論文の中で、彼は、国籍にかかわらず人間には人権があり、平等であること、人間は自由で幸福になるために生を神から与えられたこと、政府はそんな人間に奉仕する役割期間だと位置づけています。GHQの民政局で働くことになったルーストが神智学で培《つちか》った知識と経験は、憲法の人権に関する草案の作成においても反映されることになりました。

ルーストはGHQでアメリカ・シアトル出身のジーン・マリーと再会し、やがて東京で結婚します。彼にとっては再婚でした。ジーンは母子二人で育ち生活には苦労をし、苦学しながら大学を卒業。その頃、神智学の信徒となり、ルーストと出会ったのです。

ルーストが憲法の第一草案を作成することになったとき、ジーンが協力者として大きな力を発揮することになります。というのもジーンが子供の頃、母子は賃金搾取や男女差別を体験しました。

それがきっかけでジーンはアフリカ系アメリカ人などに対する差別撤廃運動に参加し、公民権運動に強い関心を抱いたりしました。人権や男女平等の意識は十代の頃からとても高かったのです。

もう一人の起草者ハリー・ワイルズについてもふれておきましょう。アメリカ・デラウェア出身。ハーバード大学で経済学、ペンシルベニア大学で社会学などを専攻。戦前には慶應大学で経済学の講義を行っています。第二次世界大戦中は戦時情報局（ＯＷＩ）で働き、終戦後、GHQの民政局に所属しました。

日本国憲法の〝人権の父〟ピーター・ルーストと〝男女平等〟の明文化を強く主張した妻のジーン

ベアテを商売にする人々

リーダーのルースト、ワイルズ、ベアテが憲法第三章の第一草案担当者です。人権グループは三人のチームといえども、ベアテはルーストの〝助手兼通訳〟だったことが判明しています。事情を知らない人でも、当時二十二歳のベアテが、宗教の指導者や大学講師と同じ処遇で憲法を起草する仕事を任されるとは想像しにくいものです。

ベアテは助手兼通訳にすぎなかったにもかかわらず、ルーストたちが機密を守ったまま世を去ると、〝日本国憲法に男女平等を書いた女性〟〝人権の母〟として日本の女性たちから崇め奉られることになるのです。

日本国憲法の起草者は誰もそれを公言しませんでした。しかし、そのような中でただ一人だけ、自分こそ起草者の一人であると主張する人がいました、ベアテでした。マッカーサー元帥でさえ、憲法の作成者であると明言することを避け続けたにもかかわらず、ベアテは自分が書いたと明言して憚《はばか》らなかったのです。ルーストが一九六八年に死去した後、いつの間にか、ベアテは日本で脚光を浴びるようになりました。いや、ベアテの人気を商売や政治に利用する人々や団体に祭りあげられたというべきでしょうか。

起草者として名乗り出るだけでも呆れた行動ですが、問題はそれだけではありませんでした。ベアテはたった数日間でワイマール（ドイツ）憲法、ソビエト憲法、アメリカ合衆国憲法などを〝コピペ〟（コピー＆ペースト）しながら、各国憲法の寄せ集めで草案を作成したことも判明したのです。日本国憲法がコピペで作成されたことを知っていた人は当事者を除くと一人もいないはずです。

ベアテ・シロタは語学堪能でとても優秀な人でした。一九二三年、ウィーン生まれで、両親はウクライナ・キエフ出身のユダヤ人。シロタという名前ですが日本人とは無関係です。父親レオ・シロタは著名なクラシックの国際的なピアニスト。ブゾーニに師事し、〝リストの再来〟と賞賛されました。公演が好評を博した日本に、家族で移住しました。ベアテが五歳半の時です。シロタ家は乃木坂に居を構え、自宅で開かれたパーティには政治家や各界の著名人が招かれました。ベアテはピアノを習いますが、語学に才能を発揮し、日本語を含む六カ国語を習得した――。といっていますが、日本語の読み書きはできませんでした。

　十五歳でアメリカン・スクールを卒業したベアテは、カリフォルニアのミルズ・カレッジに留学します。専攻は文学で、フランス語や演劇にも興味を持ちました。日米開戦で仕送りが途絶え、学費を稼ぐためにサンフランシスコのCBSリスニング・ポストで日本からの短波放送を英語に翻訳するアルバイトをし、卒業後、OWIに就職。日本に降伏を呼びかける放送の台本作成に従事しました。その後、ニューヨークへ転居。タイム誌で記事の素材調査員の仕事をしています。日本語に堪能であることやこれまでの経歴が評価されて、日本に戻りGHQの政党課の職に就きました。政党課では女性団体やミニ政党の調査、公職追放の仕事を担当。それから程なくして憲法作成の仕事に従事することになったのです。

　ホイットニー民政局長の指令で日本国憲法の起草者が集められたのは一九四六年二月四日でした。

コピペの証拠

　十九名が七グループに分かれて第一草案を作成し、それを四名からなる運営委員会がまとめます。その上にホイットニー局長、そして最高司令官マッカーサーがトップに君臨するのが、GHQ民政局憲法起草組織です。

　驚くべきことに、綿密な計画で進行すると思われた第一草案の作成に与えられた期日はたった四日間でした。私はアメリカである文書を発見し、そのことを初めて知りました。アメリカのメリーランド大学図書館のプランゲ・コレクション（プランゲ文庫）文書です。

　第一草案作成の指令が下りてから二日後、二月六日に行われたGHQの民政局会議のレポートでした。そこには「明日までに草案をまとめて提出せよ」と書かれていたのです。つまり、二月四日から七日までの四日間で、第一草案がつくられたことが分かる貴重な記録でした。

　マッカーサーはなぜこれほど作成を急いだか。

　その理由についてはアメリカ国務省と極東委員会に関係があります。作成に時間をかけていると国務省から横槍が入るのです。また、ソ連や中国などが加盟する極東委員会も黙っていません。マッカーサーは国務省や極東委員会が騒ぎ出す前に日本国憲法を完成させたかったのです。

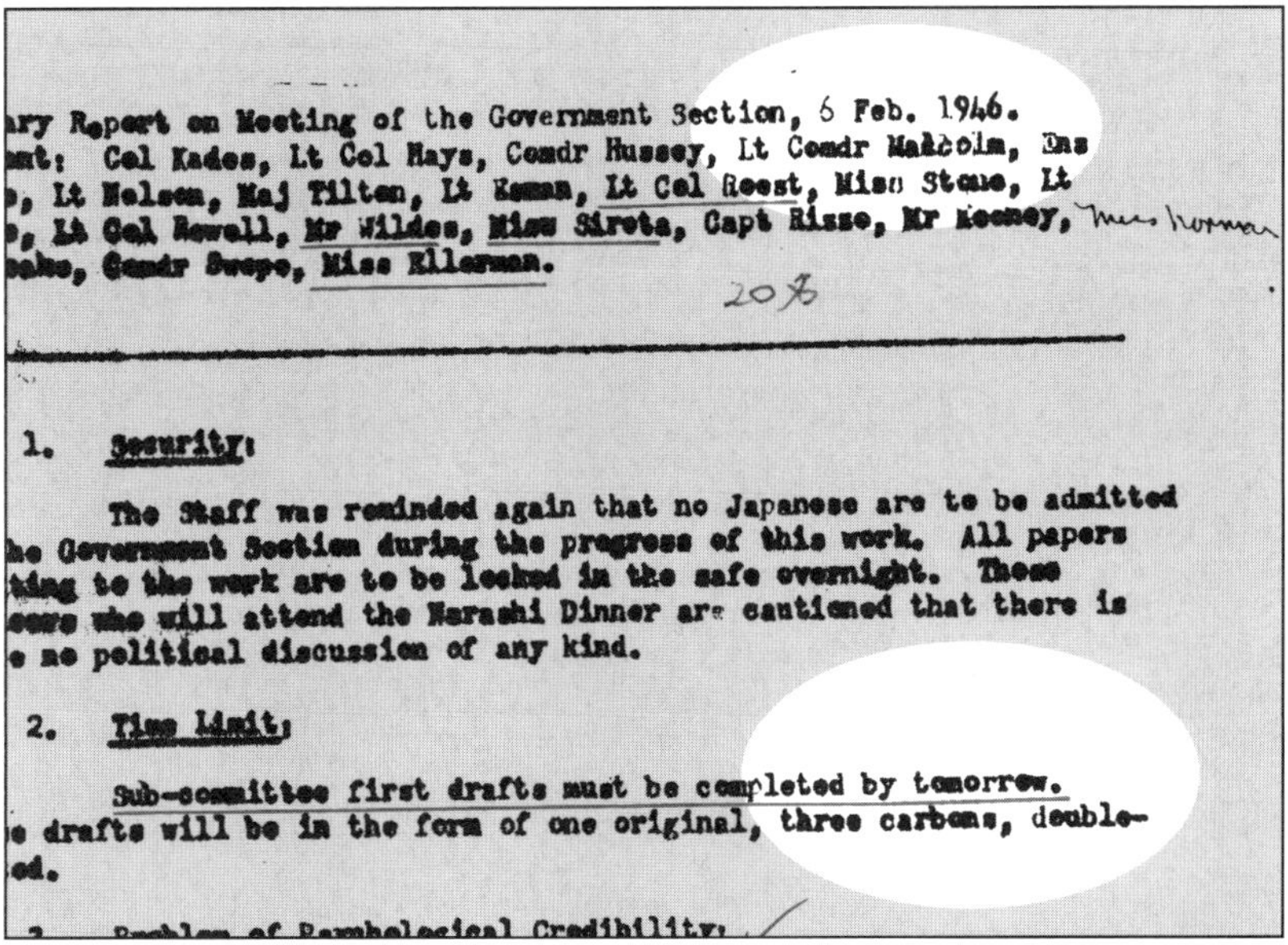

ary Report on Meeting of the Government Section, 6 Feb. 1946.
nt: Col Kades, Lt Col Hays, Comdr Hussey, Lt Comdr Malcolm, Ens
, Lt Nelson, Maj Tilton, Lt Esman, Lt Col Roest, Miss Stone, Lt
, Lt Col Rowell, Mr Wildes, Miss Sirota, Capt Rizzo, Mr Keeney, Miss Norman
ake, Comdr Swope, Miss Ellerman.

20%

1. Security:

The Staff was reminded again that no Japanese are to be admitted
he Government Section during the progress of this work. All papers
ting to the work are to be locked in the safe overnight. These
cers who will attend the Narashi Dinner are cautioned that there is
e no political discussion of any kind.

2. Time Limit:

Sub-committee first drafts must be completed by tomorrow.
e drafts will be in the form of one original, three carbons, double-
ed.

アメリカ・メリーランド大学図書館プランゲ文庫で見つかったＧＨＱ民政局会議の文書。「明日までに第一草案をまとめて提出せよ」と書かれており、憲法の第一草案がたった４日間で書かれたことがわかる

それにしても、命令とはいえたった四日間で二十二歳のベアテに憲法が書けるはずがありません。このために彼女が真っ先に取った行動は、大学を含む図書館を走り回って世界各国の憲法が記載された資料をかき集めることでした。そして、それを虎の巻に使ってコピペしまくって、何とか憲法らしくみえる第一草案をつくりあげたのでした。もちろん、ベアテが作成した文章をまとめたのはルーストであることは間違いありませんが、彼女はある意味天才なのかもしれません。コピペでつくりあげた手際のよさは相当のものです。

それはともかく、これまで日本国憲法がコピペだらけの憲法であることを言及する学者は誰一人いませんでした。なぜそれが判明したかといえば、照合作業を行ってみたからです。ベアテたちが作成した第一草案を各国の憲法の英文と照らし合わせる作業です。たった四日間で作成したことを知らなければ、私も疑わなかったかもしれません。予想はしていましたが、ほとんど同じ条文が次々に出てくる、出てくる。

一例をあげましょう。

ベアテの草案

The family is the basis of human society and its traditions for good or evil permeate the nation. Hence marriage and the family are protected by law, and it is hereby ordained that they shall rest upon the undisputed legal and social equality of both sexes.

「家族は、人類社会の基礎であり、その伝統は、善きにつけ悪しきにつけ国全体に浸透する。それ故、婚姻と家族とは、法の保護を受ける。（略）両性が法律的にも社会的にも平等であることは当然である」（ベアテ・シロタ・ゴードン、平岡磨紀子共著『１９４５年のクリスマス』より）

ベアテが独自で書いたように見えるこの草案は、次のワイマール憲法からコピペしたものでした。

ワイマール憲法119条

Marriage, as the basis of family and of the preservation and growth of the nation, is under special protection of the constitution. It shall rest upon the equality of rights of both sexes.

「婚姻は、家庭、国の維持・成長の基礎である。それ故、婚姻は憲法の特別の保護を受ける。両性の平等を基本とする」

これはほんの一例です。

調べて見れば見るほど、ソ連、ワイマール、フランスなどの国の憲法の英文からコピペしたものだらけであることが分かりました。各国の憲法の英文は図書館などで見つけやすいのですが、憲法の第一草案は非公開ではありませんが入手が難しいので、このような事実が公にされる可能性がとても低かったのでしょう。ちなみに、ルースト班が作成した第一草案は四十八条項ありました。

私はコピペの検証だけではなく、ピーター・ルーストの遺族と知り合い、三年間にわたって連絡を取りながら取材を続けましたが、そのやりとりの中で、ベアテ・シロタが〝偽りの起草者〟である事実を突き止めました。

ルーストの子供たちはアメリカの西海岸に住んでいました。最初は彼らから有益な情報を得られませんでした。彼らは疎遠だったオランダの父の両親や親族を探すために、二十年ほど前に父の生まれ故郷であるオランダのロッテルダム郊外の街に行ったことがあるそうですが、電話帳に載っているルースト（Roest）の名前が多すぎて諦めて帰って来たというのです。それを知った私はロッテルダムへ向かい、ルーストが生まれ育った住所を見つけ出し、生家の写真と出生届けをアメリカへ送りました。

それを機にルーストの子供たちは私を信頼してくれるようになり、両親について詳しい話をしてくれたのです。「日本国憲法の人権に関する第三章を書いたのは父ピーター・ルーストです。日本における〝人権の父〟はわれわれの父なのです。そして、男女平等を憲法に明文化することを主張したのは母でした」と、彼らは明瞭に語ってくれました。

さらに、彼らは古い書類を探し出し、ルーストの妻ジーンが残した手紙も見せてくれました。そこにはこんな記述があったのです。「ピーターにはとても熟達した通訳ベアテ・シロタがいました」。

ベアテ・シロタの名声はここまでです。これ以上の動かぬ証拠があるでしょうか。いくら優秀でも事実の捏造《ねつぞう》はいけません、これは許されるものではないのです。

バイデンもケネディも

そもそも、私はベアテ・シロタの嘘を曝くために新著の取材を始めたわけではありませんでした。

ある政治家の元秘書が、私の前著を読んで、日本国憲法の成立過程を調べてみてほしいと告げ、世を去ったのです。日本国憲法を徹底的に調べてみようと思ったのは、それがきっかけです。ベアテの件は副産物のようなものでしたが、結果的に本の副題になりました。取材には五年の歳月を要しています。

先日の終戦記念日、アメリカのバイデン副大統領が「我々が（日本を）核武装させないための日本国憲法を書いた」と発言して物議をかもしました。思えば、ケネディ駐日大使も「日本国憲法はＧＨＱがつくった憲法」と発言したことがあります。

しかし、まさしくそのとおりなのです。日本国憲法はＧＨＱがつくったものに他なりません。翻訳担当者が後に語っているように、日本国憲法は「米国文書であり、これを翻訳したものが日本側に承認された」のです。松本烝治《じょうじ》国務大臣の作成した日本案が盛り込まれていると信じる日本の学者は少なくありませんが、それも間違いです。

憲法問題調査委員会の委員長に就任した松本大臣は、GHQに呼ばれて彼らが作成した日本国憲法を手渡され、全文を日本語に翻訳してほしいと依頼されました。ところが、英語を理解していない大臣は、そこに日本側の憲法案を盛り込んで新たに作成してもかまわないものと勘違いしてしまいます。同席した白洲次郎は英語が堪能で会話を理解していましたが、通訳でなかったことから大臣の間違いを正すなど当時の彼の立場上できなかったのです。

そして、松本は日本案を盛り込んだ改訂版づくりを法制官僚の佐藤達夫に協力してもらって提出しましたが、勝手に憲法を書き換えたことに対してGHQが憤り、露骨な反発をくらいます。

「日本案を盛り込ませるなら、天皇の身柄は保障できない」

そう脅されたと松本大臣は回想しています。天皇を人質にしてGHQ作成の憲法をごり押ししたわけです。

GHQ民政局としては日本語に翻訳したものを再び英語に戻した時に、民政局草案と同じ意味になるかどうかだけをチェックしたかったのでした。

そんな一方通行の酷い状況であったにもかかわらず、GHQの最高司令官マッカーサー自身は日本国憲法を誰が作成したかについて明言を避けています。彼にとっては日本の占領統治が最大の使命であり、憲法の作成で問題を起こしたくなかったのでしょう。

マッカーサーは天皇制度を継続しないと日本の統治はあり得ないと考えました。それを廃止しようものなら日本の治安がどうなってしまうか予測ができない。CIAの前身であるOSSの元諜報員で、ホイットニー民政局長の秘書をしていたルース・エラーマンも、彼女が受けたインタビュー集の中で「マッカーサーは天皇を利用できなければ日本は統治できないと考えていた」と語っています。当初、憲法の第一章に戦争の放棄、第二章に天皇に関する条文が入る予定でしたが、マッカーサーがこれに反対し、天皇を第一章にしました。それほど重要視していました。

●アメリカによる“押し付け”憲法

　また、戦争の放棄についても興味深いエピソードがあります。戦争放棄は幣原《しではら》喜重郎総理大臣がマッカーサーに提案したという話になっていますが、これも捏造された話なのです。

　マッカーサーは自伝『マッカーサー回想記』で、幣原総理が戦争放棄を提言したのを受けて、戦争放棄は自分の夢だったと語っており、美談として紹介しています。マッカーサーは自分が憲法を起草したとは言いたくないから話をでっち上げたのです。幣原総理は、遺著に戦争放棄は自分が提案したと記しましたが、息子の幣原太郎は「言いたいことも言えず、書きたいことも書けないまま、八十歳の生涯を閉じた父の無念さを知る私にとって、〝第九条幣原提案説〟だけはどうしても我慢ならない」（週刊文春）と、その苦悩を吐露しています。

　このように、日本国憲法の成立過程や背景は調べて行けば行くほど、その杜撰《ずさん》さに驚くばかりです。

　虎の威を行使できる地位に就いていたベアテの虚偽行為は犯罪的であり、もし、ベアテ・シロタについて真実を明らかにしていかなければ、さらに祭りあげられて、ベアテ財団、ベアテ講座などが設立されてしまうでしょう。

　日本側の意向をいっさい無視して受け付けず、コピペでまとめた杜撰すぎる憲法のままでいいはずがなく、「日本国憲法を世界遺産に！」などと言っている場合ではないのです。

ベアテ・シロタの虚構を告発し、日本国憲法の杜撰な成立背景を暴いた高尾栄司氏の新著『日本国憲法の真実～偽りの起草者ベアテ・シロタ・ゴードン』（幻冬舎）

（『Ｗ・ｉＬＬ』二〇一六年十一月号初出）

たかお　えいじ
一九四七年、群馬県生まれ。上智大学を経て、イギリスおよびインドに六年間留学。主にユダヤ人哲学者ヴィトゲンシュタインを学んだ後、集英社特派記者として欧州、中近東、アジアを取材。著書に大宅賞候補作『ビートルズになれなかった男』（朝日新聞社）、『安全国家日本の終焉―不法就労外国人の脅威』（光文社）、『「天皇の軍隊」を改造せよ―毛沢東の隠された息子たち』（原書房）などがある。

アメリカによる〝押し付け〟憲法

マッカーサー元帥の非礼を許して下さい

ダグラス・マッカーサー

元駐日米国大使

昭和三十五年二月九日、当時のマッカーサー駐日大使は、汎洋婦人友好会理事長山野千枝子女史ら七名と会見し、アメリカの占領政策の失敗は、一つには日本に「アメリカ流民主主義」を採用したことであり、二つには歴史と伝統を無視した「人間天皇宣言」を行わしめたことであり、三つには主権在民の「占領憲法」を強制したことであることを説明、日本占領軍指揮官であった伯父マッカーサー元帥にかわって、「日本国民に心からお詫びする」といい、さらに「日本はすみやかに改憲に着手すべきである」との勧告をすら切々と訴えたのである。以下はその時の会見に同席した故蜂須賀年子女史の記録手記である。

マ元帥に代わって詫びる

個人的には私の伯父にあたるマッカーサー元帥ですが、彼の日本占領政策は根本から間違っておりました。日本国民に対して、まことに申しわけないことをしてしまい、そのために現在、日本国民が心のよりどころを失ってしまったことを、私はここに深くお詫びするものです。

米国は、戦争には勝って日本を占領したが、その占領政策をどうすればよいのかという方針がたたず、また日本の国情に対する認識も不十分でありました。そこで、アメリカ本

ダグラス・マッカーサー２世(元駐日米国大使)(写真：時事)

国では一応成果をあげたアメリカ流の民主主義を、日本においても実施したらよかろうということになったのです。

もとより、アメリカとしては、それが日本においても成功するだろうと考えたからでありまして、いささかの悪意をも持ったわけではありません。ただ米国において成功したのだから、かならず日本においても成功するだろうという善意から出たものでありました。

しかし、今にして思えば、それが日本占領政策のまちがいの第一歩でありまして、アメリカの日本研究が足らなかったからであります。

人間宣言はまちがいだった

そのために、アメリカは「主権在民」を根本原理として、「現人神《あらひとがみ》」であられる天皇陛下に対して、一瞬のあいだに「天皇人間宣言」を行わしめたのでありますが、これが第二のまちがいでありました。

ところが、アメリカ国務省は、日本の天皇は「現人神」であって、日本はすべて天皇中心でなければならぬことを十五年後の今日になって、はっきりと知ったのであります。

マッカーサー連合国軍最高司令長官

「主権在民」が根本原理となったために、今まで「すめらみこと」「現人神」として天皇に帰一してきた国民の心が動揺して、国民統合の中心がなくなって、国民は個々にたよるより仕方がなくなってしまいました。

　たとえば、全学連などの学生運動の思想の中に、共産主義思想が入り込む間隙を与えてしまったのでありまして、これはかえすがえすも残念なことであり、まことに申しわけないこととして、アメリカでも大変心配しているのです。

国民団結の中心を失った

　第三のまちがいは、主権在民を民主主義原則としてGHQが作成した憲法草案を日本政府に押しつけたことです。そして、帰一すべきよりどころを失った日本国民は、困惑の果てに猜疑心に駆られ、自分の信念をも疑うようになり、ついには自分一人のことしか考えない利己主義に走り、自分だけの偏狭な考えを正しいものと信じて押し通して行かなければ、生きて行かれないことになり、国家もなければ、天皇もない、そして他人も信じることのできぬという不安な状態におちいってしまったのです。

　実は、民主主義が、日本においてこんな姿になるとは誰も想像しなかったのでありまして、全く驚きのほかありません。アメリカは色々な民族の寄り合い国家でありますから、それらを統一して新しい国を建てるのには民主主義が役立ったからといって、日本のように昔から固く団結した国民に対しては、逆にその結合をばらばらにしてしまうという不思議な反対現象が起るものであることをはじめて知って驚いたのです。

　以上のべたように、第一にはアメリカ流の民主主義の採用、第二には日本の国体を無視した天皇の人間宣言、第三に日本の国柄に合わぬ異質の民主主義憲法の強制が、根本からまちがっていたのでありまして、まことに申しわけないことですが、今日ではお詫びをしてももはやどうにもならぬ状態になってしまいました。

それゆえに私が願うことは、日本の皆さんが一日も速やかに現在の占領憲法をとりかえて、日本のかがやかしい伝統のもとに立ちかえって、再出発していただくことです。それが私の何よりの念願なのです。どうか今日お出でいただきました各位が率先されて、一日も早く憲法を日本の歴史と伝統の土台に立ったもとの姿に還元して下さい。お願いいたします。

速やかに憲法改正を

——マッカーサー大使は一言一句、切々として以上のように話されました。そこで私たちは、この真心のこもった大使の言葉に感動して、次のようなお願いをしてみたのです。それは大使のお言葉通りのいきさつで行われた三つの政策がまちがっていたということを、全国民に知らせて、天皇制の復元や憲法の改正を実現するきっかけとしたいから、アメリカの日本占領政策はまちがっていたという何らかのメッセージをいただけないでしょうか、ということです。

すると大使は——、

日本はすでに独立しているのですから、もしそこまでのことを公けに表明すると、日本への内政干渉として非難されるでしょう。過去のあやまちは認めますが、大使としてそこまでのことはできません。ですから、今日ここにお出でいただきました皆さんや、心ある方々が起ちあがって、どうか一日もはやくＧＨＱの押しつけ憲法を捨てて、日本の歴史と伝統に合った憲法を制定して昔の姿に回復して下さい。それが何よりの急務だと信じます。

私が今日かく申しあげることが、アメリカの対日政策の過誤を正す意味にもなり、また個人的には伯父マッカーサー元帥のおかしたあやまちのお詫びになろうかと考えて、あえて申しあげた次第ですから、どうか御了解下さい。

——と大使は懇切丁寧に申されて、頭を下げられたのであります。

（『Ｗ・ｉＬＬ』二〇一六年十一月号初出）

白洲次郎は何と戦ったのか

江崎道朗
評論家

白洲の気持ちは「今に見ていろ」だった。この気概を忘れていないか

ソ連スパイの暗躍

「(日本が)核保有国になり得ないとする日本国憲法を、私たちが書いたことを彼(トランプ氏)は知らないのか」

アメリカのバイデン副大統領(当時)は二〇一六年八月十五日、ペンシルベニア州で演説し、共和党の大統領候補ドナルド・トランプ氏を批判する文脈の中でこう発言した。

日本の核武装を容認するかのような発言をしたトランプがよほど嫌いなのだろう。思わず、「軍事的に日本を抑え込んでおきたい」という民主党リベラル派の本音をしゃべってしまったわけだ。

敗戦後、GHQによって現行憲法押し付けを含むさまざまな「改革」を我が国は強制された。その主体はアメリカだが、その後の情報公開と研究の結果、現行憲法の骨格を決定したのがアメリカの内部に入り込んでいた「ソ連のスパイたち」であることが判明しつつある。

白洲次郎（写真・共同通信社）

第二次大戦前後に、アメリカ内部に潜んだソ連のスパイたちが本国とやりとりした秘密通信を、アメリカ陸軍省情報部が傍受して解読した記録がある。それが一九九五年、アメリカ国家安全保安局から「ヴェノナ文書」として公開された。その公開に伴い、ソ連のスパイたちがルーズヴェルト民主党政権内部に多数入り込み、日本国憲法制定にも影響を及ぼしていたことがわかったのだ。

目的は「天皇制」廃止

拙著『アメリカ側から見た東京裁判史観の虚妄』（祥伝社新書）で詳しく述べているが、特に現行憲法の皇室条項について関与していたのが、トーマス・ビッソンというソ連・コミンテルンのスパイであった。

ルーズヴェルト民主党政権は真珠湾攻撃直後から、現行憲法の前提となる対日占領政策について議論を始めている。

その中心的課題は、天皇の扱いであった。

アメリカ国務省が正式に天皇問題について検討を開始したのは、一九四二年十一月九日。きっかけは、国務省顧問のS・ホーンベック博士が国務省極東課に対して、天皇に関するアメリカ政府の方針を検討するよう要請したことだった。

その際、ホーンベック博士は、「ソ連のスパイ」であるビッソンが編集委員を務め、アメリカ共産党のフロント団体が発行していたアジア専門誌『アメラシア』一九四二年十月二十五日号掲載の二つの論文、つまりケネス・コールグローブ教授の論文とケイト・L・ミッチェル女史の論文を参照するよう勧めている。

ノースウェスタン大学政治学部長のコールグローブ教授はこう主張していた。

「もしも天皇が、（政府・国会と軍部という）二重政治体制とともに存置されるならば、再び軍国主義の脅威が生じるだけであり、またもや次の大戦を招来することになろう」

一九四五年三月に、ソ連のスパイ容疑で逮捕されたミッチェル女史もこう述べていた。

「多くの日本問題研究者は、日本における天皇制存置は政治上の民主主義の発展と相容れないものであり、今日、日本の政策を支配している侵略的帝国主義的野心の再現を必然的にもたらすことになると信じている」

ロシアの皇帝を打倒して政権を獲得したソ連は、「天皇制」を打倒することで日本に共産主義革命を起こすことができると考えていた。

そこでソ連主導の国際ネットワーク「コミンテルン」は、「日本を民主化し、アジアの平和を守るためには、『天皇制』を打倒しなければならない」と各国の共産党にゲキを飛ばしていた。その背景には、次のような考え方があった。

「日本において一八六八年以後に成立した絶対君主制は、その政策は幾多の変化を見たにもかかわらず、無制限の権力をその掌中に維持し、勤労階級に対する抑圧および専横支配のための官僚機構を間断なくつくり上げてきた」（一九三二年テーゼ）

この「天皇制＝軍国主義」というコミンテルンの史観に基づいて、在米のソ連のシンパたちが「天皇制」廃止論を執筆し、その論文を参考にしながらアメリカ国務省は、対日占領政策の検討を始めたわけだ。

白洲次郎の執念

一九四五年十一月、国務省は、日本の憲法改正の基本方針を明記した「日本の統治体制の改革」という政策文書を作成する。

この文書では、日本に改憲をさせる目的を、「日本人が、天皇制を廃止するか、あるいはより民主主義的な方向にそれを改革することを奨励支持しなければならない」と定めた。

アメリカ政府内部には、昭和天皇が平和を祈念し、戦争に反対していたことを知る「知日派」もいたが、激しい日米戦争を通じて「敵国・日本」に対する憎悪がアメリカ全体を支配していたのだ。

　この文書は、翌年一月七日、アメリカ政府の方針として正式決定され、これに基づいてマッカーサーは、GHQ民政局に対して、日本国憲法改正草案の作成を指示した。憲法に関しては素人の民政局のメンバーがわずか一週間で英文の「総司令部案」を完成させると、GHQは二月十三日に次のように日本政府を脅《おど》した。

「前年十二月に創設された極東委員会においてソ連は天皇制廃止を主張している。『総司令部案』に基いて憲法改正がなされないならば、天皇の身柄の保障をすることはできない」

　この脅しの意味合いを確認すべく、幣原喜重郎《しではらきじゅうろう》総理は、マッカーサー司令官と面会。不安げな幣原総理に対して、ソ連とオーストラリアが日本に対して復讐戦をしようとしている動きを何とか防いでいるが、そのためには「総司令部案」を受け入れる必要があると、マッカーサーは滔々《とうとう》と語った。

「この総司令部案への修正を、どの程度許容してもらえますか」

　幣原総理の問いにマッカーサーはこう答えたという。

「天皇に関する規定や戦力不所持といった基本原則以外は修正を加えていいでしょう」

　そこで幣原総理は回答期限である二月二十二日朝、閣議の場で、マッカーサーとのやり取りを紹介し、「基本原則以外は修正を加えること」を前提に、「総司令部案」を翻訳して日本の憲法改正案を作成する方針を決定した。

　二月二十七日から松本烝治《じょうじ》国務大臣のもとで日本語訳を始め、三月二日までに日本語で「三月二日案」を作成した。

　民政局との窓口は引き続き、白洲次郎・中央連絡事務局次長が担当していた。その際、英文の「総司令部案」を直訳するのではなく、問題条文はできるだけ削除、ないしは、日本政府の望む方向に解釈できる表現に修正した。

　例えば、第一条の「皇帝ハ国家ノ象徴ニシテ又人民ノ統一ノ象徴タルヘシ彼ハ其ノ地位ヲ人民ノ主権意思ヨリ承ケ之ヲ他ノ如何ナル源泉ヨリモ承ケス」については、「人民ノ主権意思」を「日本国民至高ノ総意」と書き換えた。

　また、第十四条には「人民ハ其ノ政府及皇位ノ終局的決定者ナリ」とあった。条文通り読めば、在住外国人も含めた「人民」が、国会議員の選出や皇位の決定もできることになってしまう。吉田茂外相（後の総理大臣）がこの条文を問題視し、ホイットニー民政局長に直接、談判した。その結果、「人民ハ其ノ政府及皇位ノ終局的決定者ナリ」は削除され、公務員の選定の権利は「国民」にあるとした。

「人民」では、日本国籍を持たない在住外国人も含む、と解釈される恐れがある。現在でも在住外国人の「地方参政権」を主張する一派があるが、それが「国政参政権」に及んでないのは、その権利が「国民」にある、と明記されているからだ。

もし「人民」が「皇位ノ終局的決定者ナリ」のままであったならば、在日外国人が「天皇制廃止」を叫ぶ「権利」を残してしまっただろう。

さらに白洲次郎らがホイットニー民政局長と会談し、次のような修正を勝ち取った。

①条約の締結に際して戦前と同じく天皇が署名をして御璽《ぎょじ》を押す「御名《ぎょめい》御璽」を慣行として続けること。

②天皇の国事行為を規定する第七条に「八　批准《ひじゅん》及び法律の定めるその他の外交文書を認証すること」を追加すること。

この追加によって、条約への署名や外交文書の認証、外国の賓客《ひんきゃく》の接遇を通じて、外国からも天皇は引き続き日本の元首として認められるようになった。

「今に見ていろ」

このように「総司令部案」に修正を加えた「三月二日案」を作成し、三月四日午前、松本烝治国務大臣らが民政局に提出したが、民政局次長のチャールズ・ケーディス陸軍大佐は「総司令部案」とは異なっているのに気がつき、クレームをつけた。

例えば、第二条の「皇位ノ継承ハ世襲ニシテ国会ノ制定スル皇室典範ニ依ルヘシ」だ。

日本側は「皇室典範は皇室の家法であり、その発議権は天皇に留保すべきである」との考え方から、「国会ノ制定スル」を削除した上で、「第百六条　皇室典範ノ改正ハ天皇第三条ノ規定ニ従ヒ議案ヲ国会ニ提出シ法律案ト同一ノ規定ニ依リ其ノ議決ヲ経ベシ」を追加していた。

ところが民政局は、第八十二条の「皇室典範の発議権を天皇が留保する」という日本政府の提案を否定し、第二条に「国会ノ議決ヲ経タル皇室典範」という言葉を改めて追加するよう命じた。民政局は、皇室典範に関する天皇の発議権を認めるつもりはなかったのだ。

この旨を三月五日、幣原総理が昭和天皇に報告したところ、「今となっては致し方あるまいが、皇室典範改正の発議権を留保できないか」と話されたという。

二〇一六年八月、天皇陛下（現上皇陛下）は「象徴としてのお務めについての天皇陛下のおことば」を公表されたが、この「おことば」に基づいて皇室典範を含む改正を行うことは「憲法違反だ」と述べる有識者が多かった。

しかし、憲法制定過程における日本政府及び昭和天皇のご意向を踏まえれば、皇室典範に関する天皇の発議権を認めるのが筋なのだ。改憲派でありながら、ＧＨＱ民政局の見解に基づいて「天皇の発議権」を認めない人たちは、果たしてこうした経緯を知っているのだろうか。

ともあれ、三月五日の夕方までに民政局による改悪を経て「憲法改正草案要綱」が完成し、翌六日、政府から「日本政府案」として公表された。

白洲次郎は「憲法草案」公表の翌日、次のような手記を書いている。

《斯《かく》ノ如クシテ、コノ敗戦最露出ノ憲法案ハ生ル。「今に見ていろ」ト云フ気持抑ヘ切レズ。ヒソカニ涙ス》

「天皇制」廃止を目論む現行憲法を日本語訳の段階で十分に「修正」できなかった悔しさが伝わってくる。

その後、国語の平易化運動を進めていた「国民の国語運動連盟」（安藤正次代表）が幣原首相に「法令の書き方についての建議」と題する意見書を提出した。これをきっかけに日本政府は四月二日、ＧＨＱの了承を得て、ひらがな口語体による憲法改正草案の作成を始めた。

日本政府が口語体による「憲法改正草案」を公表した翌日の四月十八日、「口語化された草案の字句について異議がある」として民政局は佐藤達夫法制局次長を呼び出した。

ケーディス「天皇は内閣の下」

ケーディスは内閣による助言と承認に関連して、「第三条と第七条にあるapprovalを日本政府は同意と訳しているが、この言葉の意味について日本人に聞いたところ、同意は対等な二者の間で用いられるようだ。し

『アメリカ側から見た東京裁判史観の虚妄』
（祥伝社新書）

かしGHQの意図は『内閣が天皇の上に立つ』という意味だ」として、右の拳《こぶし》を高く挙げて「これが内閣」、左の拳をその下のほうに置き、「これが天皇」と言った。

激しい口調に驚きながらも佐藤達夫法制局次長は「同意は民法で、三十歳以下の息子の結婚に家長が同意するという場合に用いられており、ここでは明らかに対等の関係ではない」と反論した。

結局三十時間にわたる長い議論の末、民政局が示した「承認」という言葉を採用することになった。

次にケーディスは「advice なる言葉は補佐と訳されているが、これは assistance の意味にして補佐とは下位の者より上位の者に対してのみ言い得ることなので、例えば忠告と修正してはどうか」と述べた。

佐藤次長は「忠告」に難色を示し、結局、「補佐」を「助言」に変更することになった。

ケーディスが「内閣による助言と承認」にこれほどまでにこだわったのは、「天皇の地位を内閣の下に置くことが日本の民主化のために必要だ」という認識があったからである。

その背景には、「日本が侵略戦争をしたのは、天皇を中心とする軍国主義者たちが権力を持っていたからであり、日本に平和な政府を構築するためには、天皇の権限を制限することが必要である」との誤解があった。

あえて誤解というのは、日本が大東亜戦争をせざるを得なかったのは、ソ連の南下政策と中国大陸の混乱、欧米の対日圧迫外交によるものであって、日本の政治体制が主因ではないからだ。

しかも日米交渉だけをとっても、戦争を望んだのはアメリカのルーズヴェルト政権の方であって、昭和天皇はひたすら平和を願われていた。ところが、そうした事実は東京裁判史観という政治宣伝によって隠蔽《いんぺい》されてしまった。

民政局の介入によって、天皇の権限を制限する趣旨に改悪された「帝国憲法改正案」が衆議院に提出されたのは、一九四六年六月二十日のことであった。

この間、四月十日に衆議院選挙が実施され、日本社会党が九十六議席を獲得するなど躍進を見せ、五月三日には東京裁判が開廷、十九日には皇居前広場で「米よこせデモ」が行われるなど情勢は騒然としていた。

東欧情勢をめぐって米ソの対立も顕在化し、ソ連は極東委員会を通じてアメリカ主導の占領政策に対しても干渉を強めていく。

衆議院で憲法改正の審議が始まった七月二日、極東委員会は「日本の新憲法についての基本原則」を決定し、現行憲法が盛り込むべき原則を初めて示した。

委員会内ではソ連やオーストラリアなどが天皇制否定論を叫んでおり、現行憲法制定を通じて「天皇制を廃止するか、または天皇制をより民主的な方向で改革する」ことをGHQに要求したのだ。

幻の「日本国民の至高の総意」

この極東委員会の方針を踏まえて動き出したのが当時民政局顧問として来日していたトーマス・ビッソンであった。

ヴェノナ文書によってソ連のスパイであることが確認されているビッソンは、アメリカ政府の対日政策に大きな影響を与えた太平洋問題調査会（IPR）の機関誌『パシフィック・アフェアーズ』一九四四年三月号で次のように指摘している。

《日本国民が天皇にそむき、天皇を退位させるならば、その行為は賞賛され、支持されなければならない。もしも彼らがそうしないのならば、彼らが必ず黙従すると考えられる根拠があり次第、彼らに代わってただちにその措置をとらなければならない。（中略）深部からの革命による以外には、一夜にして成果をもたらすことはできないであろう》（『資料　日本占領・天皇制』）

ビッソンは「深部からの革命」を仕掛けるべく、七月十一日、ホイットニー民政局長に対して次のような「憲法草案の日本文と英文の相違」と題する覚書を提出した。

《帝国憲法改正案の第一条は、英文では明らかに「天皇の地位は人民の主権的意思より生ずる」と述べている。しかし、日本語では「天皇の地位は、日本国民の至高の総意に基く」となっていて、「主権」は「至高」に変えられてしまっている。

第四条では、天皇は「政治に関する権能を有しない」と述べている。しかし日本語訳によれば、天皇は国務に関する権能を行使できることになっている。

よって、日本人民の自由に表明された意思に基づく真に民主的な政府への道を切り開くよう、条文が改正されることが絶対に必要だ》（要旨）

これを承《う》けて、民政局のケーディス大佐は、日本側に対して「国民に主権がある」という語句を入れるように、と圧力をかけた。

それに同調するかのように衆議院でも、日本共産党の野坂参三衆議院議員が「主権」と書くよう強く要求した。

国会審議はかなりもめたが、最終的に日本政府は「至高」をとりやめて「主権」を採用し、第一条は「この地位は、主権の存する日本国民の総意に基く」となった。

あわせて天皇が「憲法の定める国務」に関して「権能」を有すると解釈できた第四条も、「天皇は、この憲法の定める国事に関する行為のみを行ひ、国政に関する権能を有しない」と書き換えさせられた。

かくしてソ連のスパイたちの工作の結果、日本国憲法に「国民主権」の原則が書き込まれ、天皇は「国政に関する権能は有しない」ことになった。

その経緯を知るサヨク陣営は、「戦前は天皇主権、戦後は国民主権」「天皇は、国政に関与できないロボットだ」などと喧伝《けんでん》するようになり、いまや保守系の人たちもそう信じ込むようになってしまった。が、それは、当時の日本政府の意図とは全く異なるのだ。

天皇陛下の「おことば」をきっかけとして、皇室制度についての議論が再開されている今こそ、ソ連・コミンテルンの悪意に抵抗し、少しでも日本側に有利となるように現行憲法の条文を改正しようと苦心した白洲次郎たちの戦いを思い起こすべきである。

えざき　みちお
一九六二年、東京都生まれ。九州大学卒業後、月刊誌編集、団体職員、国会議員政策スタッフを務め、安全保障、インテリジェンス、近現代史研究に従事。現在、評論家。二〇一四年五月号から『正論』に「SEIRON時評」を連載中。著書に『コミンテルンとルーズヴェルトの時限爆弾』（展転社）、『アメリカ側から見た東京裁判史観の虚妄』（祥伝社新書）ほか多数。

（『W・iLL』二〇一六年十一月号初出）

WiLL SPECIAL

保存版 だから今《いま》こそ憲法改正《けんぽうかいせい》を

2020年3月16日　初版発行
2020年4月13日　第3刷
編 集 人　立林昭彦
デザイン＆DTP　須川貴弘
発 行 者　鈴木隆一
発 行 所　ワック株式会社
東京都千代田区五番町4-5　五番町コスモビル　〒102-0076
電話　03-5226-7622
http://web-wac.co.jp/
印刷製本　大日本印刷株式会社

ISBN978-4-89831-488-3